Peter Augustin

Ich war ein Guter!

Die Autor:innen und SAVAARA haben dieses Werk mit höchster Sorgfalt erstellt. Dennoch ist eine Haftung des Verlags, SAVAARA FlexCo oder der Autor:innen ausgeschlossen. Die im Buch wiedergegebenen Aussagen spiegeln die Meinung der Autor:innen wider und müssen nicht zwingend mit den Ansichten des Verlags übereinstimmen. SAVAARA und seine Autor:innen sind für Reaktionen, Hinweise oder Meinungen dankbar.
Bitte wenden Sie sich diesbezüglich an: office@savaara.com.

Wir achten auf unsere Umgebung und unsere Natur. Nachhaltigkeit ist für uns selbstverständlich. Darum achten wir als SAVAARA bei der Produktion auf Herstellungsverfahren, Produktionsformen, Gleichberechtigung, Arbeitsbedingungen und orientieren uns an den Bedürfnissen von Gesellschaft und Umwelt.

Coverfoto: Sandro Zanzinger   Art Director: Clemens Toscani   Book Editor: SAVAARA FlexCo

ISBN: 978-3-903376-61-8

© SAVAARA FlexCo, 2025
Adresse: Gentzgasse 122, 1180 Wien
Mail: office@savaara.com
Website: www.savaara.com

Layout, Satz und Herstellung:
SAVAARA FlexCo, Wien

Hergestellt in Österreich
In Zusammenarbeit mit EGOTH Verlag

Peter Augustin

Ich war ein Guter!

Vom Pionier des Web 1.0

zum Visionär des Web 3.0

savaara

INHALT

TEIL 3

BLOCKCHAINS & BREAKTHROUGHS – NEUE WEGE IM WEB 3.0

RÜCKBLICK MIT WEITBLICK

Für meine Frau –

meine unerschöpfliche Quelle
der Inspiration und Unterstützung;

für meine Kinder,
die mir alles bedeuten;

und für mich selbst zu meinem
50. Geburtstag.

Vorwort

Als ich das erste Mal von Peter Augustin hörte, wusste ich kaum etwas von ihm. Lediglich vereinzelte Hinweise im Internet, ein paar Podcasts und einige Artikel über das Web 3.0 waren zu finden. Das war zu wenig, um ein klares Bild zu bekommen. Erst ein gemeinsamer Freund, Florian Wimmer, brachte Licht ins Dunkel, als er mir von Peters Werdegang erzählte: Peter war ein Internetpionier, gründete *Inode* mit, erzielte damit einen der größten Exits Österreichs und bewies schon damals sein Gespür für technologische Trends.

Ich erinnere mich noch genau an das Gespräch mit Florian. Er berichtete mir, wie ihn Peter derzeit anschrieb und spontan in dessen Büro eingeladen wurde. Peter war zu diesem Zeitpunkt bereits mehrere Jahre nicht mehr aktiv und gerade erst als Investor zurückgekehrt. Er war zufällig mit einem Artikel über Blockchain und Kryptowährungen in Berührung gekommen und wollte mehr erfahren. Florian beschrieb ihn mir wie ein neugieriges Kind, das unaufhörlich Fragen stellte, bis sich beide nach einem intensiven Austausch trennten. Die Episode hätte damit enden können, doch nur wenige Wochen später führte der Zufall sie erneut zusammen. Dieses Mal war es

Peter, der sein neues Wissen und seine Fähigkeit, Zusammenhänge zu analysieren, mit Florian teilte. In kürzester Zeit hatte Peter sich das Thema Web 3.0 so umfassend erschlossen, dass selbst Florian Fragen beantwortet bekam.

Als Peter von *savaara* erfuhr und wir unser erstes Telefonat führten, merkte ich seine Begeisterung sofort. Er sagte mir, er habe ganze zwanzig Jahre darauf gewartet, dass sich ein Team findet, mit dem er seine Ideen, sein Wissen und seine Erfahrungen in Buchform bringen könnte. Er wollte nicht nur seine eigene Geschichte aufschreiben, sondern auch den Menschen, die ihn seit Jahren begleiteten und noch begleiten werden, etwas zurückgeben.

Die Grundidee von *savaara* war es, Influencer und Unternehmern, die meist keine Zeit haben, sich intensiv um ihre persönliche Geschichte und deren Dokumentation zu kümmern, dabei zu unterstützen, sie dennoch festzuhalten. Oft sind es Familien, Freunde oder eine größere Community, die Einblicke erhalten sollen. In einer Zeit, in der Social Media von KI und anonymen Kanälen überschwemmt wird, suchen immer mehr Menschen nach ehrlichen, greifbaren Geschichten. Gleichzeitig werden Zensur und Persönlichkeitsrechte heiß diskutiert, und das Bedürfnis nach sicheren, vertrauenswürdigen Plattformen wächst. Es braucht also neue Lösungen, um persönliche Geschichten und digitale Identitäten zu bewahren, ohne dabei den Schutz des Einzelnen aus den Augen zu verlieren.

Hier kommt das Thema *Digital Ownership* ins Spiel. Im klassischen Web 2.0, also der Internetwelt, wie wir sie lange kannten, geben wir unsere Daten oft unbewusst an Großkonzerne weiter. Wir nutzen soziale Medien, Cloud-Dienste und Apps, doch echte Kontrolle über unsere Daten oder gar ihr Eigentum haben wir selten. Das Web 3.0 will das ändern. Durch Technologien wie Blockchain wird es möglich, digitale Inhalte fälschungssicher zu speichern und eindeutig einer Person zuzuordnen. Diese Inhalte können persönliche Daten, Kunstwerke, Dokumente oder ganze Plattformen sein. Der Clou ist, dass man sie auch wirklich besitzt und nicht mehr nur eine Nutzungslizenz von einem großen Anbieter *gemietet* hat. Für Persönlichkeiten wie Peter, die schon in den frühen Jahren des Internets wichtige Impulse setzten, ist dieser Umbruch besonders spannend. Schließlich haben Pioniere wie er die Transformation des Web 1.0 (statische Internetseiten) zum Web 2.0 (interaktive Beteiligung der Nutzer) hautnah miterlebt – und jetzt bereitet er als Visionär selbst den Weg in eine noch freiere und zugleich verantwortungsvollere Zukunft.

In unseren Gesprächen betonte Peter immer wieder: Erfolg entsteht nicht zufällig, sondern durch eine klare Vision, konsequentes Handeln und den Mut, die eigenen Grenzen zu überschreiten. Seine Geschichte klingt fast märchenhaft – ein Jugendlicher, der die Schule abbrach, um sich einen eigenen Computer zu kaufen, und später einen der größten Exits Österreichs hinlegte. Für ihn waren Neugier und die Bereitschaft, zu lernen, stets der Schlüssel. Er glaubte fest daran, dass in jedem von uns ein inneres Feuer brennt, das uns zu unseren Zielen führt – sei es ein großer Firmenverkauf oder die Verwirklichung eines persönlichen Lebenskonzepts.

Vielleicht war es genau diese Überzeugung, die Peter und mich zusammenführte. Als jemand, der sechzehn Jahre lang Jugendliche unterrichtete, kenne ich das immense Potential, das oft ungenutzt bleibt. Aus diesem Gedanken entstand auch *savaara* – die Idee, Autoren und ihre Community zusammenzubringen, um Geschichten gemeinsam zu schreiben, wachsen zu lassen und Erfolge zu teilen. Denn je mehr wir erkennen, dass wir Geschichten aktiv mitgestalten können, desto stärker wird unser Bedürfnis nach direkter Teilhabe.

Was ich an Peter besonders zu schätzen gelernt habe, ist seine Bodenständigkeit. Trotz aller Triumphe wirkt er nie abgehoben. Er ist sich bewusst, dass sein Erfolg immer auch das Resultat vieler guter Weggefährten, Zufälle und harter Arbeit ist. Peter ist einer jener Menschen, die auf den ersten Blick unscheinbar erscheinen mögen, deren Kraft jedoch in ihrer Bescheidenheit und Kontinuität liegt. Sein Ansatz konzentriert sich weniger darauf, Erfolge zu präsentieren, als vielmehr darauf, durch Denkanstöße neue Perspektiven zu eröffnen. Themen wie digitale Identitäten, Selbstbestimmung über Daten und innovative Formen gemeinschaftlicher Zusammenarbeit stehen dabei im Mittelpunkt seines Wirkens.

Auch wenn *savaara* noch nicht vollständig im Web 3.0 verankert ist, verfolgen wir als Team ein klares Ziel: Menschen dazu zu befähigen, ihre Geschichten zu teilen, Gemeinschaften zu bilden und gemeinsam erfolgreich zu agieren. Diese Kombination aus Vision, Technologie und menschlicher Begeisterung spiegelt sich in Peters Ansatz wider und weist den Weg in eine vielversprechende Zukunft.

Der Wandel vom Web 1.0 zu einem dezentralisierten Web 3.0 zeigt, wie digitales Eigentum, Datensouveränität und gemeinschaftliche Teilhabe zu selbstverständlichen Bausteinen einer neuen digitalen Ära werden könnten. Nur wer den Mut besitzt, ständig neu zu denken, wird als Wegbereiter der Zukunft gelten. Diese wegweisende Entwicklung öffnet den Blick auf eine spannende digitale Zukunft, in der bislang ungenutztes Potential darauf wartet, entdeckt zu werden.

Ivan Topic

Gründer und CEO von savaara

Höhenflug

Die sanften Klänge klassischer Musik schwebten durch die First-Class-Kabine und vermischten sich mit dem gedämpften Stimmengewirr und dem Rauschen des Triebwerks. Leises Lachen drang an mein Ohr, ein Murmeln in verschiedenen Sprachen, das gelegentliche Klirren feiner Kristallgläser – alles ruhig, kultiviert, fast inszeniert. Ein livrierter Flugbegleiter glitt lautlos durch den Gang. Seine Bewegungen waren so geschmeidig, als wäre er Teil einer perfekt choreografierten Aufführung. Seine Uniform, makellos gebügelt, schimmerte dezent im warmen Licht, das von den schmalen LED-Bändern an den Wänden ausging. Der Duft von frisch gebrühtem Espresso vermengte sich mit dem Aroma von edlem Leder, das die großzügigen Sitze überspannte. Die Luft war angenehm kühl. Alles rund um mich herum strahlte eine behagliche Ruhe aus.

Hier oben, weit über den Wolken und fernab der Hektik des Alltags, schien die Zeit für einen kurzen Moment stillzustehen. Die Sekunden dehnten sich, während das Flugzeug sanft durch die Luft glitt. Es gab keine drängenden Meetings, die organisiert, keine E-Mails, die unbedingt beantwortet werden mussten, keinen Druck, zum nächsten Termin zu eilen. Nur eine stille, fast entrückte Leichtigkeit umfing mich – eine gewisse Schwerelosigkeit beinahe – während das Leben ein paar Kilometer weiter unten seinen gewohnten Lauf ging.

Ich lehnte mich noch tiefer in meinen breiten Komfortsitz zurück und ließ die Arme auf die gepolsterten Lehnen sinken. Zum ersten Mal seit Tagen fühlte ich, wie die Anspannung von meinen Schultern abfiel und meine Atmung sich verlangsamte. Mit einem leichten Knopfdruck, der von einem leisen Surren begleitet wurde, neigte sich die Rückenlehne des Sitzes nach hinten, bis ich fast ausgestreckt dalag. Ich räkelte mich, gähnte und blickte müden Auges aus dem ovalen Fenster zu meiner Linken. Träge zogen die Wolken vorbei, malerisch aufgefächert in der tief stehenden Sonne, die den Himmel in ein warmes Orange-Lila tauchte. Die Landschaft unter mir war unsichtbar, verborgen von einem flauschigen Meer aus Watte. Ich genoss diesen Moment, in dem Raum und Zeit geradezu zu verschwimmen schienen.

Die vergangenen Tage waren wie ein einziger wilder Sturm über mich hinweggefegt. Die Ereignisse hatten sich überschlagen. Gespräche waren auf Gespräche gefolgt, Entscheidungen auf Entscheidungen, bis ich kaum noch wusste, welchen Tag wir eigentlich hatten. Und dann: Jubel, Aufregung, Erschöpfung. Ein Kaleidoskop aus Gefühlen hatte sich über mich und mein Leben ergossen. Und jetzt? Jetzt saß ich hier in dieser schwerelosen Stille und konnte kaum fassen, dass es vorbei war. Mein Kopf war voll und leer zugleich.

Es war ein großer Erfolg gewesen, daran bestand kein Zweifel. Meine erschöpfte Zufriedenheit gab Zeugnis davon, dass ich alles gegeben hatte. Doch die Details ... Nein, jetzt war nicht der richtige Moment, sie zu analysieren. Noch nicht. Ich wollte einfach nur den Augenblick genießen, in dem die Welt ohne mich auskommen musste. Ich wollte einfach nur sein. Nur kurz innehalten ...

Ich dachte an meine Anfänge zurück. An das ständige Gefühl, nicht dazuzugehören. An den Lehrabbruch, der damals synonym für mein Desinteresse an einem *normalen* Leben stand. An die Tage, die ich rastlos in meinem Zimmer vor dem Computer verbracht hatte. Wer hätte gedacht, dass ich einmal hier sitzen würde, hoch über den Wolken, auf dem Weg nach Dubai mit einem First-Class-Ticket und Millionen auf dem Konto? Dabei war mein Weg keineswegs leicht oder gar vorgezeichnet gewesen. Der Sprung ins Unternehmertum hatte sich nicht als sanfter Übergang, sondern als ein Sprung ins kalte Wasser erwiesen – ohne Garantie, dass ich tatsächlich schwimmen konnte. Die Gründung meines eigenen Unternehmens war ein wahrer Kraftakt gewesen, der mich an meine Grenzen gebracht hatte. Die endlosen Stunden der Arbeit, die zahllosen schlaflosen Nächte, die Überwindung von Hindernissen, die meist größer schienen als ich selbst, hatten sich oft wie ein Kampf gegen Windmühlen angefühlt. Immer wieder war ich an einem Punkt angelangt, an dem alles aussichtslos schien. Und doch war ich nicht daran zerbrochen. Ich hatte weitergemacht, unaufhörlich einen Fuß vor den anderen gesetzt. Am Ende hatte ich es irgendwie geschafft, die sich vor mir auftürmenden Stolpersteine nicht als Mauern, sondern als Stufen zu sehen. Und mit jeder überwundenen Hürde war ich gewachsen.

Mir wurde schlagartig bewusst, dass ich nicht nur finanzielle Freiheit erlangt hatte, sondern auch eine viel tiefere, existentiellere: Zum ersten Mal in meinem Leben fühlte ich keine innere Rastlosigkeit, kein nagendes Gefühl, dass mir etwas fehlte oder dass ich irgendwo anders sein müsste. Die chronische Unzufriedenheit, die mich als Kind und Jugendlicher ständig begleitet hatte, war endgültig verschwunden. Früher hatte ich geglaubt, sie sei ein fester Bestandteil meines Wesens, etwas, das mich zeit meines Lebens nicht loslassen würde. Doch nun verstand ich: Sie war nie ein unabänderliches Schicksal gewesen, sondern eine Last, die ich mir selbst auferlegt hatte – oder vielleicht eine, die ich gebraucht hatte, um dorthin zu gelangen, wo ich heute war. Vielleicht hatte ich mir erst selbst beweisen müssen, dass ich es schaffen konnte, dass ich sowohl gegen äußere Widerstände als auch gegen mein eigenes zweifelndes Ich gewinnen konnte. Nun, da mir dies gelungen war, konnte ich den Schatten der Ungenügsamkeit endgültig von mir abschütteln, wohlwissend, dass er mich nie wieder einholen würde.

Mein Blick wanderte zur Seite. Michael, mein Co-Founder und langjähriger Weggefährte, saß im benachbarten Sitz. Sein Kopf war leicht nach vorne gefallen, seine Schultern nach oben gezogen. Sein Atem ging ruhig und gleichmäßig, doch selbst im Schlaf wirkte er nicht vollkommen gelöst. Es schien, als hielte ihn eine unsichtbare Last aufrecht, als wäre sein Körper noch nicht bereit, das ständige Denken, Planen und Entscheiden wirklich sein zu lassen.

Ich beobachtete ihn einen Augenblick. Wie oft hatten wir in den letzten Jahren so nebeneinandergesessen – nicht in weichen Ledersitzen bei gedämpftem Licht, sondern in seinem stickigen Kinderzimmer, in spartanischen Büros, in Konferenzräumen, auf langen Autofahrten zu wichtigen Meetings? Wie oft hatten wir gemeinsam die Nächte bei Kaffee und Fast Food durchgearbeitet, ohne dass wir unseren zukünftigen Erfolg auch nur ansatzweise hätten erahnen können?

Ein leises Lächeln huschte über mein Gesicht. Wir hatten es geschafft. Gegen alle Widerstände, gegen alle Zweifel, gegen alle, die uns belächelt hatten, gegen all die Tage, an denen das Aufgeben einfacher gewesen wäre als das Weitermachen. Weder Michael noch ich hätten dieses Abenteuer allein bestehen können. In Wahrheit schafft es niemand wirklich allein, egal wie oft man dieses Märchen auch aufgetischt bekommt. Jeder gute Geschäftsmann braucht einen Partner, der mit einem durch dick und dünn geht, der dieselben Kämpfe ausficht wie man selbst und einen wortlos versteht. Ich war dankbar, dass Michael dieser Jemand für mich gewesen war.

Langsam schloss auch ich meine Augen, lauschte in den verhaltenen Lärm der First-Class-Kabine hinein und ließ die wichtigsten Momente unserer steilen Karriere vor meinem inneren Auge wie einen Film ablaufen. Ich durchlebte noch einmal sämtliche Höhen und Tiefen, die kleinen Siege, die großen Triumphe und die diversen Rückschläge der letzten zehn Jahre, die mich oft an den Rand der Verzweiflung gebracht hatten. Bei einer speziellen Episode hielt ich plötzlich inne und lachte kurz auf. Ich sah mich zurückversetzt in jene unvergessliche Verhandlung mit der *Telekom Austria*. Zu diesem Meeting waren Michael und ich vor Jahren neben einer Reihe anderer alternativer Internetanbieter eingeladen worden, bei dem es um das bisherige ADSL-Angebot der *Telekom* gehen sollte. Dieses System wies zum damaligen Zeitpunkt nämlich zu unser aller Leidwesen noch erhebliche Mängel auf: Ständige Verbindungsabbrüche und miserable Übertragungsgeschwindigkeiten machten eine stabile Nutzung nahezu unmöglich.

Michael und ich waren damals gerade mal Mitte zwanzig und fanden uns nun in einem dieser riesigen, sterilen Konferenzräume wieder. Im Zentrum des Raums stand ein schwerer Holztisch, um den herum lauter Manager in dunklen Anzügen und mit ernsten Mienen saßen. Die Atmosphäre war förmlich und durchaus einschüchternd. Zudem war der Alters- und Erfahrungsunterschied auf den ersten Blick erkennbar. Michael und ich waren sowohl unter den Vertretern der *Telekom* als auch der anderen Internetanbieter mit Abstand die Jüngsten im Raum. Die Neulinge, die Underdogs. Unter all den Anwesenden fiel Michael allerdings sicher am meisten auf. Ganz in seinem Stil trug er kurze Hosen, ein schlichtes T-Shirt und – zur Krönung – seine ausgelatschten Hausschuhe. Sein Auftreten war derart unkonventionell, dass es in den ersten Minuten fast komisch wirkte. Doch er war genauso, wie er immer war: direkt, unbeeindruckt und ohne falsche Fassade.

Die Diskussionen zogen sich endlos hin. Es war eine dieser Verhandlungen, bei der viel gesagt, aber nichts Konkretes erreicht wurde. Jeder sprach ausweichend und diplomatisch um den heißen Brei herum. Formulierungen wurden gewählt, die so wenig Angriffspotential wie möglich boten, bloß um keine falschen Töne anzuschlagen.

Das Problem war offensichtlich, nur wollte es niemand offen ansprechen. Irgendwann platzte Michael, der sich bis dahin ruhig im Hintergrund gehalten hatte, aber der Kragen. Ohne sich darum zu scheren, dass er inmitten von Führungskräften einer milliardenschweren Firma stand, sprang er unversehens auf und donnerte in den Raum: „Was soll das Ganze bitte?! Wir zahlen hier Millionen Schilling im Monat, und der Scheiß funktioniert einfach nicht!"

Augenblicklich verstummten sämtliche Diskussionen. Mit einem Schlag war es mucksmäuschenstill. Alle Augen richteten sich auf uns. Einige Gesichter spiegelten Überraschung wider, andere Ungläubigkeit. Die Spannung war spürbar. Die paar Sekunden, die auf Michaels Ausbruch folgten, fühlten sich an wie Minuten. In einem anderen Setting hätte man uns vielleicht belächelt, uns als unprofessionell abgetan oder sogar vor die Tür gesetzt. Doch stattdessen geschah etwas komplett anderes: Man zollte uns Respekt. Ein paar der Manager begannen, langsam zu nicken, manche lehnten sich leicht nach vorne, als hätten sie zum ersten Mal wirklich zugehört. Und in diesem Moment begriffen wir: Wir waren nicht mehr nur die jungen Außenseiter, nicht mehr die Internet-Kids, deren Meinung man abschätzig abtat. Nein, wir hatten uns Gehör verschafft. Wir wurden als aufstrebende Player im Internetgeschäft ernst genommen. Wir hatten uns endgültig unseren Platz in der Branche erkämpft.

Zufrieden strich ich mir bei dieser Erinnerung übers Gesicht. Was für einen Ritt wir doch hinter uns hatten! Aber die Vergangenheit war nur ein Teil des Bildes, das vor meinem inneren Auge auferstand. Was sollten nun die nächsten Jahre bringen? Wie könnten die letzten zehn Jahre denn noch getoppt werden? Die Zukunft lag wie ein unbeschriebenes Blatt Papier vor mir. Dubai, meine nächste Station, war erst der Anfang. Doch große Pläne verfolgte ich keine. Ich hatte so lange im Modus des Machens gelebt, dass der Gedanke an ein Leben ohne diesen permanenten Antrieb mir fast Angst einjagte. Wer war ich, wenn ich nicht mehr arbeiten musste, wenn Geld keine Rolle mehr spielte, wenn ich nicht mehr in Terminkalendern, Quartalszielen oder Expansionsstrategien dachte?

Diese Fragen kreisten in meinem Kopf und verzweigten sich mit jedem neuen Gedanken weiter. War ich bereit, einfach nur zu existieren, ohne ein klares Ziel zu verfolgen? Aber vielleicht war genau das die Herausforderung, die nun vor mir lag: herauszufinden, was ich wirklich wollte, wenn nichts mehr musste, sondern alles konnte. Es war, als stünde ich unmittelbar vor einem neuen Kapitel in meinem Leben, das sofort beginnen würde, sobald ich nur endlich die nächste Seite umblätterte.

Mit diesen Gedanken räkelte ich mich erneut in meinen Sitz. Draußen zog die Welt an uns vorüber, ein endloser Horizont aus Licht und Schatten. Die Motoren summten leise und verschwammen zu einem einzigen monotonen Hintergrundrauschen. Ein letztes Mal dachte ich an die kommenden Monate und Jahre, bevor meine Gedanken langsam ins Nichts abglitten.

Es war Zeit für einen neuen Anfang. Es war Zeit, ein wenig zu träumen.

TEIL 1

VON NULL AUF NETZ-
WERK –
DER DIGITALE
AUFSTIEG

Bescheidene Anfänge

Baden bei Wien, 1975. Nichts an diesem beschaulichen Städtchen südlich von Wien deutete darauf hin, dass es in ein paar Jahren der Ausgangspunkt für eine der aufregendsten Reisen in die digitale Welt werden würde. Die Straßen füllten sich am Wochenende mit den wenigen Menschen, die es noch aus Tradition in die Stadt zog, sei es für einen Spaziergang im Kurpark oder einen Kaffee in einem der alten Kaffeehäuser, die die Jahrzehnte überdauert hatten. Sonst passierte dort nicht viel. Die Altstadt wirkte fast wie ein Relikt aus einer anderen Zeit, als das Leben langsamer und die Welt außerhalb von Baden noch groß und unerreichbar schien. Von der Schnelllebigkeit der digitalen Revolution, die bald schon mein Leben bestimmen sollte, war hier weit und breit keine Spur. Der ganze Ort strahlte eine fast melancholische Gelassenheit aus, als ob er noch immer in einer längst vergangenen Ära verharrte, während die Welt sich unaufhörlich weiterdrehte.

Baden war alles andere als ein österreichisches Silicon Valley. Es gab keine aufregenden Tech-Start-ups (der Begriff existierte damals überhaupt noch nicht), keine wilden Partys und keine großen Visionen. Baden war vielmehr ein Ort, an dem man sich damit zufriedengab, ein ruhiges Leben in gemächlichem Tempo zu führen. Doch inmitten dieser provinziellen Enge keimte in mir schon immer ein stiller Drang, irgendwann aus dieser Welt auszubrechen – auch wenn mir als Kind noch nicht bewusst war, wie oder warum.

Wie viele High-Achiever, die sich im Gegensatz zu festen Familientraditionen oder anderen vererbten Interessen dazu entschlossen, einen neuen Weg einzuschlagen, fühlte ich mich bei aller Fürsorge meiner Eltern stets irgendwie wie ein *Exot* in der Familie. Sofern ich meine Interessen überhaupt mitteilte, konnte selten jemand wirklich etwas damit anfangen. So kam es, dass ich mich letztlich selbst wohl stärker prägte als meine Eltern oder mein unmittelbares soziales Umfeld. Schon seit ich denken kann, fühlte ich mich – und das in keineswegs negativer Weise – auf mich selbst zurückgeworfen. Allein der *klassische* Lebensweg meiner Eltern, der *normale* Werdegang eines Menschen von einer verpflichtenden Ausbildung bis hin zum unfreien Arbeiter- oder Angestelltendasein auf Lebenszeit wollte mir nie so recht zusagen.

Das begann schon damit, dass ich die Idee der Schule bereits im Vorschulalter verweigerte. Als die meisten Kinder im letzten Kindergartenjahr mit Vorfreude von der Schule zu sprechen begannen, arbeitete in mir schon der Boykott. Ich konnte nicht verstehen, weshalb jemand Fremdes über mein Leben, meinen Alltag oder gar darüber bestimmen sollte, wie ich meine Stunden zu füllen oder was ich zu lernen hatte. Diese Skepsis gegenüber fremdbestimmter Autorität führte dazu, dass ich schließlich nur mit großem Unwillen zur Schule ging, wo ich über die Jahre hinweg permanent schlechte Noten kassierte und mich in unzählige

Auseinandersetzungen verwickelte. Ich denke, ich war im Grunde von klein auf gegen den sprichwörtlichen Strich gebürstet. Meinen Glauben an mich selbst erschütterte diese Kluft zwischen mir und dem Rest der Welt allerdings keineswegs. Meinem Verständnis nach lagen stets die anderen falsch, während ich selbst die gesellschaftlichen Konventionen zu durchschauen meinte. Das Selbstbewusstsein, das ich dank dieser Form der Rebellion früh in meinem Leben entwickelte, diente mir später als zuverlässiger Kompass bei allen unternehmerischen Bestrebungen.

Eine Zeitenwende brach für mich 1987 an. Mit zwölf Jahren bekam ich von meinen Eltern den ersten eigenen Computer geschenkt, nachdem ich zuvor jahrelang um einen solchen gebettelt hatte. Es handelte sich dabei um den legendären *Commodore Amiga 500*. In den vorhergehenden computerlosen Jahren hatte ich mir damit beholfen, dass ich meinem Nachbarn regelmäßige Besuche abgestattet hatte. Dieser Nachbar war zwar um ganze acht Jahre älter gewesen, hatte aber schon in den frühen 80ern einen Computer besessen (zuerst einen *Commodore VC 20*, der erste Heimcomputer der Firma *Commodore* mit farbigem Bild; im Anschluss einen *C64* und schließlich einen *Amiga*). Seit ich zum ersten Mal einen Computer bei diesem Nachbarn gesehen hatte, war ich darauf versessen gewesen, selbst irgendwann einmal einen zu besitzen.

Nun hatte sich mein Wunsch endlich erfüllt und ich zählte zu den glücklichen Nerds, die noch vor den 1990ern einen Computer ihr Eigen nennen durften. Wer nach Zeichen sucht, wird in diesem Wunsch nur allzu leicht meine frühe Leidenschaft oder gar meinen Weitblick für das sogenannte *Digital Age* erkennen.

Experimente am PC

Die Welt des Computers wurde zum Synonym für meine beginnenden Jugendjahre. Mit meinem eigenen Computer tauchte ich nicht nur tief in diese neue Welt der EDV und der Computertechnik ein, sondern ging auch völlig in dieser auf. Ich war wie gebannt und konnte meine Finger und Gedanken einfach nicht davon lassen. Ich widmete jede schulfreie Minute der Beschäftigung mit meinem Computer. Unaufhörlich zerlegte ich ihn, baute ihn wieder zusammen, löschte die darauf gespeicherten Daten und Systeme und installierte alles neu. Ich setzte mich mit den Hard- und Softwarekomponenten ausführlich auseinander; kaufte mir in der Trafik am Südbahnhof beinahe religiös die aufkommenden Computer-Magazine, um auch theoretisch nachvollziehen zu können, wie die Technologie genau funktionierte. Kurzum: Meiner Kreativität im Umgang mit dem Computer waren keine Grenzen gesetzt. Schier endlos schienen mir die Möglichkeiten, was man mit diesem Wunderding alles anstellen konnte.

Die Schule lief parallel zu meiner fast manischen Erkundung der Computerwelt, ohne dass sie mich in irgendeiner Weise berührt oder ich gar schulische Kontakte mit Gleichaltrigen gepflegt hätte. Im vierten Jahr am

Gymnasium, das heißt, in der achten Schulstufe, drohten mir mit zwei negativen Noten plötzlich zwei Nachprüfungen, mit deren Bestehen ich eine Klassenwiederholung hätte vermeiden können. Eines Tages fiel mir allerdings ein, dass man mit drei negativen Noten automatisch sitzenbleibt und ohne irgendwelche Nachprüfungen zu absolvieren, die Klasse wiederholen muss. Da es mir aus pragmatischer Sicht logisch erschien, mit minimalem Aufwand ein notwendiges Übel zu bewältigen, erzwang ich kurzerhand in einem Nebenfach eine dritte negative Note. Auf diese Weise brachte ich das neunte Pflichtschuljahr mit einer zweiten Runde in der vierten Klasse kalkuliert hinter mich.

Neue Inspiration befiel mich 1992 mit dem Erwerb meines ersten Modems. Damit konnte ich mit einem Mal via Telefon mit anderen Computern Daten und Programme austauschen – und zwar über das sogenannte Fido-Net. Das Internet existierte damals noch nicht (das World Wide Web wurde erst 1993 öffentlich, nachdem es Tim Berners-Lee 1991 erstmals vorgestellt hatte). Mit dem FidoNet lag aber zumindest eine Art Vorstufe des Internets für Nerds vor: Es bot ein weltweites dezentrales Netzwerk aus Mailbox-Systemen zum Austausch von Informationen und richtete sich in erster Linie an Programmierer. Über das FidoNet brach ich erstmals aus meiner über neun Schuljahre hinweg gepflegten sozialen Isolation aus, indem ich im Netz Kontakte zu anderen Leuten knüpfte. Bei den meisten davon handelte es sich zwar um Erwachsene, allerdings störte mich das kein bisschen. Ich war es seit jeher gewohnt gewesen, über die Interessen von Gleichaltrigen hinwegzusehen und mich an Älteren zu orientieren. Von den Mitgliedern im FidoNet fühlte ich mich verstanden; mit ihnen teilte ich meine Leidenschaft für Computer und von ihnen lernte ich unglaublich viel. Rückblickend denke ich, dass es wohl generell ein Charakteristikum von Menschen mit der paradoxen Kombination aus Fokus und Weitblick ist, dem eigenen Leben oft ein paar Schritte voraus zu sein.

Meinen späteren Co-Founder Michael Gredenberg traf ich ebenfalls im *FidoNet*, wo wir über einen gemeinsamen Knoten (eine sogenannten *Node*) verbunden waren. Er stach heraus, weil er neben mir nicht nur einer der wenigen Jüngeren im *FidoNet*, sondern gleich alt war wie ich. Zum besseren Kennenlernen trafen wir uns eines Tages sogar persönlich in einer U-Bahnstation. Ich erinnere mich heute daran, als wäre es erst gestern gewesen, denn zwischen uns funkte es sofort. Ich hatte das deutliche Gefühl, in ihm mein Alter Ego gefunden zu haben. Zudem gab es auch noch weitere Anknüpfungspunkte, denn Michael besaß ebenfalls einen Amiga-Computer, brannte ebenso sehr für die EDV und hegte eine ähnliche Abneigung gegen übermäßige soziale Interaktion.

Michael war eine Quelle der Inspiration und des Austauschs für mich. Nicht umsonst spielte er auch eine wesentliche Rolle im Hinblick auf die Gründung unseres Unternehmens, *Inode*. Dazu sollte es aber erst ein paar Jahre später kommen. Zuvor stand mir noch die Ausbildung im Weg.

Lehrjahre sind keine Herrenjahre

Nach der Wiederholung der vierten Klasse und den damit absolvierten Pflichtschuljahren stand ich – wie alle Jugendlichen – zunächst vor der Entscheidung, welche Richtung ich wählen, welchen Weg ich einschlagen sollte. Da die Schule definitiv keine Option für mich darstellte, beschloss ich, mit meinen fünfzehn Jahren einfach nur genügend Geld zu verdienen, um weiterhin meiner Leidenschaft für Computer frönen zu können. Es stellte sich heraus, dass ich für 12.000 Schilling im Monat (knapp 900 Euro, was mir als unwahrscheinlich viel Geld vorkam) als Hilfsarbeiter in diversen Branchen hätte anheuern können. Damit zeigten sich meine Eltern allerdings nicht einverstanden. Mit Nachdruck bestanden sie auf eine anständige Ausbildung und verhalfen mir so schlussendlich zu einer Elektrikerlehre bei einer Firma in Wien.

Ganze drei Jahre lang pendelte ich frühmorgens in die Hauptstadt, verbrachte die meiste Zeit auf Baustellen und fuhr abends müde wieder nach Hause. Tatsächlich konnte ich mich aber weder für die Elektrikerlehre noch für das tägliche Rattenrennen begeistern. Das Einzige, was mich in diesen drei Lehrjahren interessierte, war mein Gehalt (auch wenn sich dieses im ersten Lehrjahr nur auf etwa 3.500 Schilling (250 Euro) belief und sich erst mit dem Ausbildungsgrad steigerte). Das Geld bedeutete mir alles, denn ich investierte es praktisch zur Gänze in Computerequipment und – aufgrund meines intensiven Modemgebrauchs – in chronisch hohe Telefonrechnungen. Meine Eltern beobachteten diese Entwicklungen aus der Distanz mit einiger Skepsis. Als eines schönen Tages eine Telefonrechnung in der Höhe von nicht weniger als 13.000 Schilling (940 Euro) ins Haus flatterte, fielen sie buchstäblich aus allen Wolken.

Wenn ich die drei mit wenig Enthusiasmus für den Elektrikerberuf verlebten Lehrjahre Revue passieren lasse, sehe ich meine ganz persönliche Lehrzeit nicht in der Ausbildung zum Elektriker, stattdessen verstehe ich mein junges Ich als *Lehrling* der digitalen Welt und des Unternehmertums. Mein eigentlicher Arbeitsort waren nicht die Baustellen, sondern mein Kinderzimmer in Baden mit dem dort installierten Modem und Computer. Damals konnte ich es noch nicht wissen, aber diese *Lehrjahre* bereiteten mich auf all das, was in den darauffolgenden Jahren und Jahrzehnten kommen sollte, perfekt vor: Ich lernte, mit Geld umzugehen, in mich selbst und meine Interessen zu investieren, mich autodidaktisch fortzubilden, mich von meiner Neugier leiten zu lassen, Dinge auszuprobieren und durch angewandte Problemlösungsstrategien selbst das Richtig und Falsch herauszufinden. Wenn man so will, war ich mein eigener Lehrmeister.

Angesichts dieser Umstände verwundert es nicht, dass ich am Ende meiner Lehrzeit mit Pauken und Trompeten durch die Lehrabschlussprüfung rasselte. Mich störte das nicht großartig. Ich hatte ohnehin nie geplant, Elektriker zu werden, weshalb ich auch kein zweites Mal zur Prüfung antrat. Zwei Wochen später rief mich mein Chef zu sich ins Büro und kündigte mir. Er bot mir auf der Stelle 7.000 Schilling (500 Euro) an, wenn ich die Firma sofort verlassen würde. Ich grinste in mich hinein, da ich sein Spiel durchschaute. Ich dachte kurz nach, bevor ich als Gegenangebot dreist mehr als das Doppelte forderte, nämlich 15.000 Schilling (1.100 Euro). Er willigte ein, ohne zu zögern. Somit war mein Start ins Berufsleben auf den ersten Blick zwar nicht per se erfolgreich, auf den zweiten Blick allerdings durchaus charakterisiert von jener Verhandlungsstärke und Kaltschnäuzigkeit, die mir später als Unternehmer wiederholt zum Vorteil gereichen würde. Es ist die berühmte *Chuzpe*, von der der amerikanische Unternehmer, Investor und Internet-Marketer Noah Kagan so gern spricht.

Naturgemäß blieb der elterliche Stolz über diese meine *Leistung* aus. Sie fanden sich nur schwer damit ab, dass ich nun ohne Ausbildung und Job mit achtzehn Jahren dastand – oder vielmehr zuhause vor dem Computer herumhockte. Als die fleißigen Arbeiter, die sie zeit ihres Lebens gewesen waren, konnten sie meine aus ihrer Sicht unvernünftige Entscheidung schlicht nicht nachvollziehen. In meinem jugendlichen Freiheitsdrang ging mir das allerdings nur wenig nahe, ebenso wie ich als Einzelgänger keinen Wert auf irgendein Feedback von außen legte. Ich fühlte mit Überzeugung, dass ich aus vollem Herzen gehandelt hatte und mir selbst und meinen Prinzipien treu geblieben war.

Gründung von *Inode*

Während ich also meinen Lehrabschluss verpasste und meine Eltern mit Sorgen belastete, begann Michael ab 1994 das Studium der Informatik an der Technischen Universität in Wien. Um sein Leben finanziell aufzubessern, arbeitete er in geringfügiger Anstellung bei *HP*. Dies kam uns (beziehungsweise unserem gemeinsamen Interesse an Computer-Hardware) entgegen. Mitarbeiter von *HP* genossen nämlich die Möglichkeit, alte Workstations der Firma zu günstigen Tarifen zu erwerben. Über diese stumme Vereinbarung kauften wir diese mehrfach zum Mitarbeiterpreis ein und boten sie dann im *FidoNet* in diversen Verkaufsgruppen (gewissermaßen den Vorläufern von *Willhaben* und Co.) zum Marktpreis wieder zum Verkauf an.

Ich erinnere mich noch ganz genau an ein spezifisches Gerät, das wir für weniger als 500 Schilling (35 Euro) erstanden haben, nur um es daraufhin in einer deutschen Gruppe für satte 2.000 Mark (14.000 Schilling; etwas mehr als 1.000 Euro) wieder zu verkaufen. Auf diese Weise besserten Michael und ich für kurze Zeit unsere prekären finanziellen Mittel – man könnte auch sagen: unser Startkapital – auf. Als einer von Michaels Kollegen bei *HP* davon jedoch Wind bekam und uns verpfiff, war es mit diesen lukrativen Geschäften zu Ende. Michael wurde gekündigt und unsere

Einnahmequelle versiegte. Dennoch blitzten in dieser Episode schon der uns in Zukunft prägende Geschäftssinn und unsere unternehmerische Tüchtigkeit auf – wenngleich in Kombination mit unlauteren Methoden, die man mit Augenzwinkern unserer jugendlichen Naivität zuschreiben muss.

Objektiv betrachtet nahm sich die Sache weitaus weniger lustig aus. In gewisser Weise standen Michael und ich beide auf der Straße – ich als arbeitsloser Lehrabbrecher, Michael als Student ohne Einkommen und Liebe zum Studium. In unserer jeweiligen Ziellosigkeit einte uns jedoch weiterhin das Interesse an Computern und Online-Netzwerken. Darin lag letzten Endes unser Segen. Als Student besaß Michael nämlich einen kostenlosen Zugang zum Internet, da man in den 1990ern mit der Immatrikulation an einer österreichischen Universität automatisch einen solchen erwarb. Das war schlicht ein Service, den Michael und ich als die Nerds, die wir waren, dankbar ausnutzten.

Nicht lange nach dem *HP*-Disaster begannen wir daher, gemeinsam zur Uni zu gehen. Ich selbst war zwar kein Student, aber ich begleitete Michael in seine Vorlesungen, wo wir dicht nebeneinander saßen und am Computer herumspielten, ohne die Inhalte im Geringsten zu beachten. Als wir wiederholt aus den Vorlesungen flogen, weil wir den Unterricht gestört hatten, versuchten wir uns eines schönen Vormittags über unser Modem mit Michaels Unizugang ins Internet einzuwählen. Aufgeregt rutschten wir auf unseren Stühlen herum, während wir das Verbindungsprogramm öffneten und auf „Verbinden" klickten. Gebannt starrten wir auf den Bildschirm, in abwartender Haltung, das Kreiseln des Modems als einzige Geräuschkulisse im Hintergrund. Die Spannung in Michaels Kinderzimmer war direkt greifbar. Als nach gefühlt endlosen Sekunden endlich die Verbindungsbestätigung auf dem Bildschirm aufschien, brachen wir in stürmischen Jubel aus. Was für eine Erleuchtung, was für ein Game-Changer! Wir saßen zuhause am Schreibtisch und hatten die ganze Welt auf unserem Computer. Episch!

Von da an verließen Michael und ich nur noch selten unseren Bau aka Michaels Zimmer im Haus seiner Mutter. Ich quartierte mich bald daraufhin ganz dort ein, wo wir uns täglich stundenlang vor dem Bildschirm im Internet aufhielten. Einziger Nachteil: Die Telefonrechnungen bewegten sich in astronomischen Höhen. Die Lösung lag für uns beide aber auf der Hand. Wir besorgten uns eine Standleitung, die zwar auch viel kostete, für die allerdings ein monatlicher Fixpreis zu zahlen war und die keine Abrechnung nach Minuten mehr vorsah. Dies hob unseren Internetkonsum in neue Sphären. Wir waren nun 24 Stunden am Tag, quasi rund um die Uhr online.

Um die Kosten auszugleichen, kam uns bereits nach wenigen Tagen die Idee für ein effektives Geschäftsmodell: Wir ließen bei uns mehrere Modems aufstellen, über die sich die Leute bei uns einwählen und so nach Bedarf ins Internet gehen konnten. Mit anderen Worten: Wir verkauften Internetanschlüsse. Im Fahrtwind des ersten Erfolgs und der wachsenden Nachfrage fiel es mir schließlich wie Schuppen von den Augen. Das war es! Das war es, was ich machen wollte! Ich wandte mich in meinem Sessel zu Michael um und sagte euphorisch: „Weißt du was? Lass uns doch Internetprovider werden! Jeder wird früher oder später einen Internetzugang brauchen. Wir werden Pioniere auf diesem Feld!"

Die bald darauf erfolgte offizielle Gründung unseres Provider-Betriebs im Jahr 1996 war am Ende nicht mehr als eine reine Formsache. Zwischen dem Rausch von Freiheitsgefühlen auf der einen und freundschaftlichem Enthusiasmus auf der anderen Seite spielte sie sich irgendwo am Rande ab. Wir interessierten uns ausschließlich für unser Angebot und die technische Umsetzung, so dass uns nicht einmal der Gedanke kam, uns gegenseitig rechtlich abzusichern. Wir waren einfach zwei Freunde, die gemeinsam etwas ausprobierten, an das sie glaubten. Michaels Mutter, ihres Zeichens Steuerberaterin von Beruf, legte uns immerhin nahe, wir sollten aus steuerlichen Gründen eine Offene Erwerbsgesellschaft (OEG), eine Rechtsform, die es heute nicht mehr gibt, gründen. So eröffneten wir noch im selben Jahr die *Gredenberg & Augustin OEG*, die wir nach ein paar Jahren in eine GmbH umwandelten. Insgesamt waren wir in unserer Firma vom ersten bis zum letzten Tag miteinander operativ tätig.

Als Firmenname, unter dem wir unser Internetgeschäft betrieben, entschieden wir uns für *Inode*. Übersetzt bzw. aufgelöst bedeutet das so viel wie Internetknoten. Diese Wahl des Namens verweist auf die Wurzeln unseres Unternehmens im *FidoNet*, wo Michaels und meine gemeinsame Reise ein paar Jahre zuvor begonnen hatte. Darüber hinaus fungierte *Inode* als treffendes Symbol für das Selbstverständnis unseres Unternehmens. Ein Knotenpunkt (*Node*) in einem Netzwerk ist eine essentielle Verbindung, die Datenfluss ermöglicht und Systeme zusammenführt – genau das, was wir als Internetanbieter erreichen wollten: eine zuverlässige und effiziente Verbindung zwischen Menschen und dem aufstrebenden World Wide Web.

Die Aufbau-Phase

Die Gründung von *Inode* fühlte sich für mich wie der natürlichste Schritt in meinem Leben an. Ich hörte in mich hinein, vernahm meinen inneren Ruf und folgte ihm. Was hatte ich mit meinen knapp zwanzig Jahren auch schon groß zu verlieren? Das, was die meisten Leute in diesem Alter hatten – eine Ausbildung, einen Job – hatte ich ohnehin nicht. Wieso also nicht der persönlichen Leidenschaft nachgehen im Vertrauen darauf, dass sich der Sprung ins Ungewisse lohnen würde. Was mir zusätzlich Sicherheit gab, war Michaels Freundschaft und Expertise. Als mein Co-Founder war er die wichtigste Person in meinem Leben.

Eine Erkenntnis, die ich erst viel später erlangte, die aber unbewusst damals schon in mir gearbeitet haben muss, ist, dass man als Unternehmer immer einen Zweiten braucht, der exzellent in seinem Bereich ist; auf den man sich zu hundert Prozent verlassen kann und der einen inhaltlich ergänzt. Gleichgesinnte, wie Michael einer war, sind von unschätzbarem Wert. Insofern galt für mich die Devise: Mit Michael werde ich entweder groß oder wir gehen gemeinsam unter.

Mein Bauchgefühl trog mich nicht. Michael und ich erwiesen uns als eingeschweißtes Team. Vom Moment der Gründung an arbeiteten wir über Jahre hinweg von Montag bis Sonntag durch. Wir kannten uns besser, als irgendjemand sonst uns zu kennen glaubte. Wir waren beide Arbeitstiere, getrieben von Ehrgeiz und hungrig nach Erfolg – und wir fühlten uns dabei wie die Fische im Wasser. So früh in unserer Karriere hatten wir bereits gefunden, was andere ihr Leben lang vergeblich suchen: eine Arbeit, die Spaß machte.

Bereits die Anfangszeit von *Inode* war durch jene Geschäftigkeit geprägt, die uns bis zum Ende begleiten sollte. Erleichtert wurden unsere Mühen dabei sowohl durch die digitale als auch die lokale Infrastruktur, die wir vorfanden. Letztere bezog sich auf die Büroräumlichkeiten, in denen wir Tag und Nacht schufteten. Steve Jobs und Steve Wozniak nutzten die Garage von Jobs' Vater, um ihren ersten *Apple*-Computer zu entwickeln. Michael und ich nutzten Michaels Kinderzimmer als Hauptquartier, und Michaels Mutter ließ uns nachsichtig gewähren. Während wir uns auf diese Weise keine Gedanken um Miete oder Strom machen mussten, blieben die Telefonleitungen, die wir bei der *Telekom Austria* angemeldet hatten, sowie die Modems, die wir bei *MediaMarkt* gekauft hatten, als einzige Kosten zu decken.

Was die digitale Infrastruktur anbelangte, war die Einstiegshürde denkbar niedrig. Eine Internetverbindung anzubieten, gestaltete sich Mitte der 1990er-Jahre als relativ einfaches Unterfangen. Jeder, der sich technisch dafür interessierte und es sich unternehmerisch zutraute, konnte reüssieren. Das war auch der

Grund, warum es in Österreich damals um die 30 Internetprovider gab.

Trotz dieser günstigen Bedingungen sahen Michael und ich uns in der Frühphase von *Inode* mit zwei zentralen Herausforderungen konfrontiert. Zunächst einmal scheiterten wir daran, vier Modems an einen PC anzuschließen, der auf *Linux* lief. Nachdem das Problem zum ersten Mal auftrat, saß Michael die ganze Nacht lang am Computer, um es zu knacken. Dass es ihm nach etlichen Stunden des Versuchens und Misslingens endlich gelang, grenzte an eine wahre Meisterleistung. Ich selbst hätte mir eine solche technologische Spitzfindigkeit nicht zugetraut.

Die zweite Herausforderung ergab sich unmittelbar aus Michaels Erfindergeist, war aber ungleich gravierender: Die vier analogen Telefonleitungen, die wir für die Datenübertragung nutzten, versagten uns den aus der wachsenden Nachfrage resultierenden Dienst. Wir hätten schlicht mehr Leitungen gebraucht, um den gesamten Bedarf zu decken. Die damals für Telefon- und Kommunikationsverbindungen zuständige Post- und Telegraphenverwaltung (PTV) teilte uns auf unsere wiederholten Anfragen mit, dass die Kapazitäten an Postleitungen für ein Einfamilienhaus, wie jenes von Michaels Mutter, erschöpft wären und das Verlegen einer zusätzlichen fünften Leitung ein Ding der Unmöglichkeit darstellte.

Dunkle Wolken brauten sich am Himmel unserer kleinen digitalen Welt zusammen. Wir überprüften unseren Kontostand und überschlugen die Zahlen mehrmals im Kopf. Um in eine eigene Wohnung oder gar ein Büro zu übersiedeln, reichte unser Gesamtkapital jedoch bei Weitem nicht aus. Obwohl alles so natürlich und vielversprechend seinen Lauf genommen hatte, sah ich nun bereits das Ende unseres kleinen Unternehmens nahen. Wir befanden uns in einer Sackgasse, aus der es keinen Ausweg zu geben schien.

In unserer Verzweiflung bestellten wir schließlich erneut einen zuständigen Postmitarbeiter zu uns, um ein letztes Mal zu verhandeln. Dabei lief Michael – gewollt oder ungewollt – zur Höchstform auf. In Tränen aufgelöst trat er vor den armen Techniker und flehte ihn mit bebender Stimme inständig an, uns zu helfen und den drohenden Untergang abzuwenden. Die Dramatik der Situation verfehlte ihre Wirkung nicht. Der überrumpelte Techniker, sichtlich überfordert mit dem emotionalen Appell, sorgte dafür, dass die Post kurze Zeit später tatsächlich die Straße aufgraben ließ und die Zuleitungen vor dem Haus verstärkte. Dank dieser Zuleitungen konnten wir mehr Kabel integrieren, deren Zahl sich am Ende auf knapp 30 Leitungen in dem einen Haus von Michaels Mutter belief.

Manche würden wohl sagen, dass wir in dieser Sache einfach nur Glück hatten, weil die Post – aus welchen Gründen auch immer – das vorzeitige Ende von *Inode* verhinderte. Andere wiederum könnten gut und gerne behaupten, die Leidenschaft habe überzeugt und gesiegt. Die Wahrheit liegt wohl irgendwo in der Mitte.

Die Konsolidierungs-Phase

Während dieser herausfordernden Frühphase von *Inode* kam der erste Erfolg durchaus überraschend. Das erste halbe Geschäftsjahr lebten Michael und ich von der Hand im Mund und hielten uns dabei gerade mal so über Wasser. Wir investierten nicht einmal Geld in neue Computer oder zusätzliches Equipment, denn das hätten wir finanziell nicht verantworten können. Stattdessen nutzten wir einfach nur die vorhandenen Ressourcen, das heißt, die Hard- und Software, über die wir schon verfügten.

Unser Budget war derart knapp, dass wir uns irgendwann ernsthaft zusammensetzten und eine Kostenkalkulation erstellten. Dies geschah weniger aus unternehmerischem Wettbewerbsgeist als aus verzweifeltem Überlebenswillen. Die Kalkulation war ebenso präzise wie ambitioniert: Binnen sechs Monaten mussten wir sage und schreibe 120 zahlende Kunden gewinnen, um unsere laufenden Kosten zu decken. Das bedeutete, dass wir im Schnitt alle anderthalb Tage einen neuen Vertrag abschließen mussten – eine Herausforderung, die für ein kleines Team wie das unsrige einem Husarenritt glich. Jeder dieser Kunden war für uns kein bloßer Name auf einer Rechnung, sondern ein Hoffnungsträger, der buchstäblich darüber entschied, ob unser Traum überlebte oder in Rauch aufging.

Venture Capital in der heutigen Form gab es damals noch nicht. Als mögliche Finanzspritze kam uns einzig ein Kredit in den Sinn. Wir vereinbarten daher mit der Kreditanstalt in Baden einen Termin, um uns über die Möglichkeiten zu informieren. Das Ergebnis fiel eher ernüchternd aus, denn die Bank verlangte Sicherheiten von Seiten unserer Eltern. Da wir diese aber weder finanziell belasten noch in unsere geschäftlichen Dinge mitreinziehen wollten, beschlossen wir kurzerhand, uns auf die Akquisition der anvisierten 120 Kunden zu konzentrieren. Es musste einfach gelingen; Scheitern war keine Option.

Als wir nach sechs Monaten erneut unsere penibel geführte Kostenkalkulation aus der Schublade zogen und die Kundenliste mit klopfenden Herzen durchgingen, konnten wir unser Glück kaum fassen. Wir hatten das Ziel von 120 Kunden mit nahezu punktgetreuer Präzision erreicht! In unbändiger Freude fielen wir uns in die Arme, lachten und jubelten. Jeder Name auf dieser Liste stand für eine gewonnene Schlacht, für ein überzeugendes Gespräch, für unzählige Stunden harter Arbeit und auch für die ein oder andere durchwachte Nacht.

Damit war *Inode* erstmals cashneutral und wir um eine wertvolle Erfahrung reicher. Es war schon ein besonders erhebendes Gefühl, wenn man nach Wochen der Herausforderungen und des permanenten Drucks erkennt, dass man auf eigenen Beinen stehen, sein eigener Herr sein und mit Zielstrebigkeit Großes erreichen konnte. In mir platzte angesichts dieser Erkenntnis ein weiterer Knoten (no pun intended!), der meinen Glauben an unseren Service bestärkte und in mir ein langanhaltendes Hochgefühl auslöste. Ich fühlte es ganz deutlich: The sky is the limit.

So zogen die Monate ins Land. *Inode* zog mit beinahe linearer Beständigkeit mehr und mehr Kunden an. Unser Umsatz wuchs – und damit auch die Belastung der Leitungen. So ziemlich zwei Jahre nach dem ersten Leitungsdrama mit der Post gerieten wir 1998 in einen erneuten Leitungsengpass, der diesmal nicht einfach mit einer Erweiterung der Zuleitungen zu beheben war. Um das Problem zu umgehen, beschafften wir uns ein Kombi-Gerät, das 30 Modems in einer 19-Zoll großen Box enthielt. Bei diesem Gerät handelte es sich um ein echtes Schwergewicht im Server-Hardware-Bereich. Die Leistung war derart beeindruckend, dass wir unsere jüngsten technischen Anforderungen leicht erfüllen konnten. Unglücklicherweise verfügte das Gerät aber auch über eine Größe und ein Gewicht, das uns vor neue logistische Herausforderungen stellte.

Dieses Biest fand nämlich beim besten Willen keinen Platz mehr in Michaels Zimmer, das wir uns bis dato noch immer als Arbeits- und Wohnstätte teilten. Wir brachten das Gerät daher im Büro von Michaels Mutter unter, die – das kann ich gar nicht oft genug betonen – ein unglaublich großes Herz hatte und uns ein fast schon rührendes Verständnis für unsere Visionen entgegenbrachte. Allerdings brauste die Lüftung des Geräts in dermaßen unzumutbarer Lautstärke, dass ein Umzug nun nicht länger hinauszuzögern war. Das Brummen und Summen der Lüftung war so intensiv, dass die Wände vibrierten und selbst lautere Geräusche in der Umgebung übertönt wurden.

Da unsere Umsätze zu diesem Zeitpunkt schon beträchtliche Gewinne abwarfen, waren wir nun finanziell in der Lage, den Umzug zu stemmen und etwas eigenes zu beziehen. Nach kurzer Suche mieteten wir eine Wohnung im achten Wiener Gemeindebezirk (Josefstadt). Wir hatten uns bewusst für diese entschieden, lag sie doch in geographischer (und daher strategischer) Nähe zur Universität Wien im ersten Bezirk (Innere Stadt). Die besetzte nämlich einen ganzen Internetknoten, was uns die Möglichkeit bot, dorthin billig Leitungen für unsere Providerdienste verlegen zu lassen. Das schöpften wir, kaum eingerichtet, umgehend aus und meldeten mehr Leitungen an als jemals zuvor. Wir scheuten keine Mühen, um *Inode* weiter wachsen zu lassen. Der Plan ging auf. In den kommenden Monaten konnten wir unseren Kundenstock stetig erweitern und unser Geschäft auf das nächste Level heben.

Interferenzen

Die folgenden Jahre gestalteten sich in ungeahnter Weise erfolgreich. Michael und ich gaben geschäftlich und wirtschaftlich ordentlich Gas. Der Dotcom-Boom der späten 1990er-Jahre verlieh dem digitalen Markt derart gewaltige Impulse, dass die Möglichkeiten nahezu grenzenlos schienen. Plötzlich war der digitale Raum nicht mehr nur ein spannendes Experiment, sondern ein riesiger wachsender Markt, in dem jeder neue Schritt mit vielversprechendem Potential verbunden war. Michael und ich ergriffen jede sich uns bietende Chance und fingen an, aus vollen Rohren zu schießen. Es war eine Zeit der Euphorie, in der es schien, als könnten wir alles erreichen.

Zunächst erreichten wir aber mit der Rekrutierung unserer ersten beiden Mitarbeiter den nächsten großen Meilenstein. Das passierte unmittelbar nach der Umsiedelung in die Josefstadt. Die Personalbeschaffung war dabei der weiterführende logische Schritt angesichts des positiven Cashflows, der sich mittlerweile eingestellt hatte. Der Umsatz von *Inode* rangierte zu diesem Zeitpunkt bei etwa zwei Millionen Schilling (145.000 Euro) bei ansonsten niedrigen Kosten. Die Marge dazwischen konnten Michael und ich einstreichen.

Bei unserem ersten Mitarbeiter handelte es sich um Stefan, der sogar noch jünger war als wir. Wir wurden durch seine Begeisterung für *Inode* auf ihn aufmerksam, nachdem er als Kunde besonderes Interesse an unserem Service an den Tag gelegt hatte. Dank Stefan verfügten wir nun über einen Inhouse-Experten in Sachen Telefonwesen, an den wir die entsprechenden Prozesse zur Gänze auslagern konnten. Für Michael und mich stellte das eine enorme Entlastung dar. Doch es war nicht nur Stefans Expertise, die ihn zu einer perfekten Ergänzung machte. Auch menschlich fügte er sich von der ersten Sekunde mit seiner Begeisterungsfähigkeit nahtlos in unser eingespieltes Team ein. Einen zweiten Mitarbeiter, einen spitzfindigen Techniker, warben wir ziemlich zeitgleich von einem Branchenkonkurrenten ab. Sein technisches Wissen und seine Präzision wiederum brachten frische Impulse und Motivation ins Team.

So saßen und arbeiteten wir nunmehr zu viert an einem Tisch, und wiewohl Michael und ich uns kaum Pausen gönnten, hielten unsere beiden Mitarbeiter mit unserem Tages- und Nachtpensum gut mit. Unser Hunger nach Wachstum ließ mich optimistisch in die Zukunft blicken. Ich empfand es als ungeheure Genugtuung, die gröbsten Stolpersteine aus dem Weg geräumt zu wissen und keine Angst mehr davor haben zu müssen, dass ein unvorhergesehenes Ereignis dem Geschäft jederzeit die Luft abschnüren könnte. Die Gelegenheit war günstiger denn je, weiter in die Zukunft zu investieren.

Was wir metaphorisch und buchstäblich investierten, investierten wir von innen heraus – soll heißen: mit hartnäckiger Aufopferung und aus der eigenen Tasche. Dass im Zuge des in den späten 1990er-Jahren aufblühenden Internetgeschäfts zahlreiche Privatanleger, institutionelle Investoren und Risikokapitalgeber plötzlich Unmengen an Geld in Internetanbieter pumpten, bekamen wir nur am Rande mit. Wir hielten uns betont distanziert zu diesen Entwicklungen und nahmen nie irgendwelche Angebote an, so verlockend sie auf den ersten Blick auch scheinen mochten. Mir persönlich erschien diese von heute auf morgen einsetzende Dynamik geradezu unheimlich. Von diesem bizarren Treiben ganz abgesehen, war *Inode* nicht auf externe Gelder angewiesen. Gestärkt von den schwarzen Zahlen in unserer Bilanz beobachtete ich die Vorgänge des Dotcom-Wahns daher nur vom Spielfeldrand aus.

Bei all meiner Skepsis gegenüber dem Investmentboom möchte nicht leugnen, dass die millionenschweren Investments in unsere Konkurrenz mir nicht auch Angst einflößten. Ich bildete mir zwar ein, ein kleines und feines Unternehmen zu führen, das für Qualität und Expertise stand, das Gefühl, dass uns jemand aber den Rang ablaufen könnte, ließ mich nicht gänzlich unberührt. Erst als nach dem Jahr 2000 die Dotcom-Blase unvorhergesehen platzte und die enormen Geldströme, die zuvor in das digitale Geschäft geflossen waren, versiegten, hatten die meisten der großen Unternehmen in Österreich ihr Geld schon aufgebraucht. Sie setzten über Nacht ihre breit angelegten Werbekampagnen aus und begannen, ihre jüngst noch in Scharen angeheuerten Mitarbeiter rascher abzubauen, als sie sie angeworben hatten.

Inode hingegen blieb stabil. Wir waren unseren Prinzipien treu geblieben und ernteten nun die Früchte dieser Standhaftigkeit. Auch dieses Mal hatte mich mein Bauchgefühl nicht getrogen und der Triumph gehörte uns. Die Branche schrumpfte in kürzester Zeit von 30 Anbietern auf nur mehr drei. *Inode* war einer davon. Wir zählten nun zu den Big Playern und konnten den Markt nach Belieben bespielen. Während die meisten anderen abbauten und an Wert verloren, bauten wir unser kleines Imperium in aller Seelenruhe weiter aus.

Beginn der Rollout-Phase

Als einer der wesentlichen Bausteine für unseren wachsenden Erfolg kristallisierte sich das Franchiseprogramm heraus, das wir bereits 1998 initiiert hatten. Im klassischen Sinn eines Franchisemodells konnten andere Unternehmer dabei das Angebot und den Umsatz von *Inode* vergrößern, indem sie unter dem Namen *Inode* Internetzugänge verkauften und somit selbst profitierten. An diesem Partnerprogramm, wie wir es nannten, beteiligten sich verschiedenste österreichische Firmen. Eine davon sollte im Jahr 2000, rund um den für uns ohnehin schon günstigen Niedergang des Dotcom-Geschäfts, für den nächsten Glanzmoment in der Geschichte von *Inode* sorgen.

Besagte Partnerfirma mit Sitz in Graz bediente sich der Infrastruktur von *Inode* auf geradezu mustergültige Art und Weise, um ihre Kunden bei *Inode* anzudocken. Dieses zweiköpfige Partnerteam bestand aus Nikolaus Offner und Robert Rotman. Sie waren als Franchisenehmer derart erfolgreich, dass ihre Zuarbeit mittlerweile ganze 25 Prozent unseres Gesamtumsatzes ausmachte. Um ehrlich zu sein, waren die finanziellen Ungleichheiten, die sich dadurch für Michael und mich ergaben, wenig erbaulich. Die einzige Lösung aus diesem Dilemma sahen wir darin, die beiden Firmen entweder zu fusionieren oder für immer zu separieren.

Um uns persönlich auszutauschen und unsere Umsätze zu vergleichen, verabredeten wir uns daher, mit den besten Vorsätzen ausgerüstet, mit Nikolaus und Robert in einem Wirtshaus in Graz zum Abendessen. Der Abend begann in entspannter Atmosphäre. Wir lachten, scherzten ein wenig und tauschten ein paar Anekdoten aus den letzten Monaten aus. Das half dabei, die Spannung abzubauen, die sich unweigerlich bei solch wichtigen Gesprächen einzuschleichen pflegte. Doch bald wurden wir ernster, als wir uns dem eigentlichen Thema des Treffens zuwandten. Es ging um mehr als nur Zahlen und Statistiken – es ging um die Zukunft unseres Unternehmens, um die Frage, ob eine Zusammenarbeit mit Nikolaus und Robert *Inode* auf die nächste Ebene katapultieren könnte. Die Verhandlungen gingen insgesamt erstaunlich schnell und reibungslos über die Bühne. Es schien fast so, als hätten wir alle denselben Plan im Kopf, als hätten wir alle dieselbe Richtung eingeschlagen. Niemand musste um seine Meinung kämpfen, jeder schien von derselben Idee getrieben.

Am Ende des Abends hatten wir einen Deal, der uns alle zufrieden in unsere Stühle zurücksinken ließ. Wir besiegelten die Fusionierung mit einem symbolischen Händeschütteln und einigten wir uns einvernehmlich auf die entsprechende Unternehmensaufteilung. Michael und mir standen insgesamt 76 Prozent des Unternehmens zu, während Nikolaus und Robert sich mit 24 Prozent begnügten. Diese Übereinkunft war aber nur ein Teil des

Erfolgs. Das wahre Ergebnis war das Gefühl, gemeinsam etwas Größeres zu erschaffen. Dieser Abend bedeutete den Beginn eines neuen Kapitels, das uns alle in eine aufregende Zukunft führte.

Die Fusion erwies sich als wahrer Goldgriff. Einzelne Entscheidungen des täglichen Firmengeschäfts wurden dadurch zwar wesentlich komplizierter, da ja nicht nur das Unternehmen selbst gewachsen war, sondern nun auch gleich vier Leute ihre Überzeugungen durchzusetzen gedachten. Unterm Strich verwirklichten wir jedoch erfolgreich sämtliche Visionen, die wir gemeinsam ausarbeiteten und angingen. Die ein oder andere Meinungsverschiedenheit wussten wir indes stets gekonnt und mit hoher Kompromissbereitschaft zu überbrücken.

Was für mich in der Zusammenarbeit mit Nikolaus und Robert auch erstmals augenscheinlich hervortrat, war der krasse Unterschied zwischen Mitarbeitern und Unternehmern. Unsere Mitarbeiter in Wien arbeiteten zwar solide und verlässlich, aber sie blieben am Ende des Tages eben *nur* Mitarbeiter, die brav ihre Stunden absaßen und keine spektakulären Ideen wälzten. Die Grazer Jungs hingegen gingen mit einem komplett anderen Mindset an das Tagesgeschäft heran.

Robert, seines Zeichens ein Computer- und Netzwerktechniker von herausragendem Profil, koordinierte die technische Seite mit einem Überblick und einer Gelassenheit, wie sie in Kombination üblicherweise nur bei selbstbewussten Geschäftsleuten auftritt. Er behielt inmitten der komplexesten Herausforderungen stets einen kühlen Kopf und löste Probleme in beeindruckend schneller Weise. Nikolaus hingegen ergänzte unser Team im Bereich der Personalführung und schloss dabei eine Lücke, die Michael und ich erst erkannten, als wir Nikolaus' Feingefühl im Umgang mit unseren Mitarbeitern beobachtet hatten. Seine empathische Herangehensweise beeinflusste das Betriebsklima auf durchweg positive Weise. Darüber hinaus erledigte er das gesamte Personalmanagement mit geradezu charismatischer Hingabe. An seinem Zutun lag es auch, dass von schlussendlich 300 *Inode*-Mitarbeitern ganze 200 in Graz saßen, während in Wien nur 50 vertreten und weitere 50 über den Rest Österreichs verstreut waren.

Von allen Aufgaben und Tätigkeitsbereichen im Unternehmen empfand ich den Personalaufbau und die Personalbindung durch die Jahre hinweg stets als eine der größten innerbetrieblichen Hürden. Dementsprechend war die Lernkurve in diesem Bereich auch am steilsten. Letzten Endes profitierte *Inode* aber von dem rigiden Führungsansatz, den wir zu viert an den Tag legten. Unser größtes Anliegen war es stets, die exzellenten Mitarbeiter, die sogenannten A-Player, zu halten, sofern sie nicht ohnehin von selbst blieben. Weniger gute Leute, die klassischen B-Player und C-Player, duldeten wir auf der anderen Seite nicht. Wir waren uns einig, dass wir keine Scheu davor haben durften, Leute rauszuwerfen, die unseren Standards nicht entsprachen. Solche Mitarbeiter im Team zu tolerieren, schadet ultimativ jedem Geschäft und demotiviert die A-Player. So kam es, dass unsere guten Leute kontinuierlich gute Leute anzogen und inhaltlich den Anspruch von *Inode* hochhielten. Auf diese Kultur im Unternehmen bin ich noch heute ungemein stolz.

In diese Zeit der Konsolidierung und des persönlichen Wachstums fiel auch ein völlig unerwarteter Aha-Moment – nämlich die Einsicht, dass man erstens ab und zu mal abschalten musste, wenn man nach Höchstleistungen strebte, und dass zweitens die Firma nicht den Bach runterging, wenn man sich in Zeiten kurzer Abwesenheit auf tolle Mitarbeiter verlassen konnte. Diese Erkenntnisse gewann ich, nachdem ich nach Jahren der Aufopferung erstmals an den Punkt gelangte, an dem ich wirklich Urlaub brauchte. Ich fuhr mit Michael für zwei Wochen weg, wobei wir auf völlige Tauchstation gingen und vierzehn Tage lang komplett offline blieben (ohne Handy, ohne Internet).

Geistig und körperlich erfrischt, musste ich mir im Nachgang eingestehen, dass selbst der passionierteste Unternehmer hin und wieder eine Auszeit verdiente, um danach weiterhin eine Top-Performance hinlegen zu können. Darüber hinaus entwickelte ich nach unserer Rückkehr das Grundvertrauen, dass die Firma noch intakt war, alle Abläufe noch funktionierten und sich überhaupt nichts Unerwartetes oder gar Schlimmes in der Zwischenzeit ereignet hatte. Von da an machten Michael und ich es uns zur Tradition, zumindest einmal im Jahr für ein bis zwei Wochen zu verreisen. So verschlug es uns unter anderem nach Bali, Réunion und Thailand sowie in die USA für mitunter wochenlange Roadtrips.

Geschäftliche Expansion

Indessen wuchs *Inode* beständig weiter. Wir verdoppelten unsere Umsätze von Jahr zu Jahr mit durchschnittlichen 500 Neukunden pro Monat. Gleichzeitig stieg auch die Komplexität des Unternehmens und dessen Bekanntheit. *Inode* hatte sich spätestens ab den frühen 2000ern als zuverlässige Marke etabliert; in technischer Hinsicht galt *Inode* gar als ein Synonym für State-of-the-Art. Den Großteil unseres Gewinns reinvestierten wir in Werbung, Kundenzufriedenheit und Hardware – drei zentrale Bereiche, die für das Wachstum und die Stabilität unseres Unternehmens unverzichtbar waren. Werbung war notwendig, um unsere Marke weiter auszubauen, neue Kunden zu gewinnen und unsere Reichweite zu erhöhen. Genauso wichtig war die Kundenzufriedenheit, denn wir wollten nicht nur neue Kunden anziehen, sondern vor allem langfristige Beziehungen pflegen und die bestehende Kundenbasis durch exzellenten Service und kontinuierliche Verbesserung der Produkte binden.

Doch der wohl bedeutendste Teil unserer Investitionen betraf die Hardware. Als Infrastrukturunternehmen stand *Inode* im Zentrum der Technologie. Ohne die entsprechende Technik wären wir bestimmt nicht in der Lage gewesen, die Leistungsfähigkeit und Skalierbarkeit zu gewährleisten, die unsere Kunden erwarteten. Dies war ein besonders kritischer Punkt, da die Qualität der Hardware direkt die Serviceleistung und damit auch den Ruf des Unternehmens beeinflusste. Die Anforderungen an unsere Systeme wuchsen stetig, und um der steigenden Nachfrage gerecht zu werden, mussten wir permanent in neue, leistungsstärkere Server und Netzwerktechnologien investieren. Die kontinuierliche Verbesserung unserer technischen Infrastruktur war also nicht nur eine Notwendigkeit, sondern auch eine strategische Entscheidung, um langfristig wettbewerbsfähig zu bleiben und unseren Kunden stets zuverlässige und schnelle Dienstleistungen bieten zu können.

Ein wesentlicher Aspekt unseres Erfolgs dieser Jahre gründete sich insbesondere auf die Investition in die sogenannte Entbündelung, das heißt, in das separate Angebot von Einzelleistungen, die zuvor nur in Kombination mit anderen erhältlich gewesen waren. Dies ermöglichte es uns etwa, Leitungen direkt am Wählamt entgegenzunehmen, ohne dass ein Kunde zuvor über eine Festnetzleitung verfügt haben musste. Davor war jeder Kunde noch gezwungen gewesen, bei der Post oder *Telekom Austria* eine Leitung anzumelden, um sich dann per Modem bei *Inode* einzuwählen. Mit der Entbündelung schalteten wir nun einfach selbst eine Leitung zum Kunden frei und stellten ihm das Modem auf. *Inode* entwickelte somit ein End-to-End-Kundenservice, bei dem es keines Mittelmannes mehr bedurfte. Die Gewinner dieser Entwicklung waren sowohl die Kunden als auch *Inode* selbst.

Mit dem kontinuierlichen Erfolg und der gesteigerten Komplexität des Unternehmens in operativer, wirtschaftlicher, personeller, produktbezogener und technischer Hinsicht stiegen allerdings nach fünf, sechs Jahren Unternehmensführung erstmals zentrale Sinnfragen in mir auf: Worauf läuft das Ganze hinaus? Wie weit kann es mit *Inode* gehen? Wo ist die Grenze unseres Wachstums? Will ich diesen Weg überhaupt weitergehen? Was sind Ziel und Zweck unserer Mission? Ich gestand mir ein, dass ich es mir nie auf die Fahnen geschrieben hatte, mit Ende zwanzig zum Gründer des größten Internetproviders in Österreich zu avancieren. Diese Stellung hatte sich einfach im Lauf der Jahre vielmehr aus den Prozessen ergeben, die wir aus Leidenschaft und Interesse implementiert hatten. Entstand nun aufgrund des geschäftlichen Fortschritts und der stattlichen Größe von *Inode* jedoch ein Problem und löste man es, tauchte sofort ein neues auf, das wiederum einen Rattenschwanz an Herausforderungen nach sich zog. Die Verantwortung schien mir ins Unermessliche zu wachsen, die Last auf meinen Schultern nahm zu, während die Zeit und die Geduld in Relation dazu zu schrumpfen begannen.

Die Reflektion über diese im Hinblick auf *Inode* existentiellen Fragen führte mich schließlich in die Welt des geschriebenen Wortes. Ich suchte nach Antworten in Büchern und Autobiographien von Schlüsselfiguren des amerikanischen Unternehmertums (denn in Europa oder Österreich ließ sich beim besten Willen nichts Vergleichbares finden). Die Geschichten von Steve Jobs und *Apple*, Bill Gates und *Microsoft* sowie Andy Grove und *Intel* inspirierten mich, führten mir aber auch deutlich vor Augen, wie viel Einsatz und Hingabe nötig sein würden, wenn *Inode* weiter expandieren sollte.

Die Frage „Will ich es und ist es das wert?", beantwortete ich mir schließlich mit einem affirmativen:

„Ja!" Warum? Weil ich überzeugt davon war, über die besten Leute, die perfekten Ressourcen, die herausragendsten Fähigkeiten, den beharrlichsten Gründerwillen und das richtunggebende Know-how in der Firma zu verfügen. Zudem wuchs auch der Markt beständig und war in seiner unermesslichen Ausdehnung bereit, von uns erobert zu werden. Ich war gerüstet, um unsere Truppen in eine siegreiche Schlacht zu führen.

In diesem Mindset gingen meine Mitgründer und ich mit voller Überzeugung an die Sache. Wir diskutierten, organisierten, operierten, analysierten und agierten in völlig neuen Sphären. Und so ging das Geschäft schlussendlich durch die Decke. Wir machten *Inode* groß – und zwar so richtig! Wir spielten das Spiel sowohl nach unseren eigenen Regeln als auch nach jenen des Marktes. So gewannen wir Runde um Runde. Ab 2001 hoben wir endgültig ab und verzeichneten ein uneinholbar sprunghaft-dynamisches Wachstum.

Die neuen Dimensionen dieser Entwicklung zeigten sich für mich in den kleinen bürokratischen Dingen. Wenn man zum Beispiel bei der *Telekom Austria* anrief, diesem Milliardenkonzern, sprach man nicht mehr – wie noch in den Monaten und Jahren zuvor – mit einem Sachbearbeiter oder Abteilungsleiter, sondern man wurde sofort mit höheren Konzernmanagern verbunden. Das machte auf mich als Jungunternehmer in den Zwanzigern ungeheuren Eindruck.

Allerdings betrachteten diese Topmanager *Inode* nicht gerade mit Wohlwollen, sondern wie eine blutsaugende Zecke. *Inode* erfreute sich als Anbieter in ganz

Österreich großer Beliebtheit und fügte der *Telekom* mit ihren zehntausenden Mitarbeitern am Markt einiges an Schaden zu. Als Reaktion auf diese Dominanz schlug die *Telekom* zurück und deckte uns mit Klagen ein. Zu unserem Glück sah sie sich aber gezwungen, uns machen lassen zu müssen, denn die *Telekom*-Liberalisierung war zum damaligen Zeitpunkt ein heißes und medial ausgefochtenes Thema in Österreich. Monopolstellungen am Markt wurden nicht nur argwöhnisch beäugt, sondern sogar gesetzlich verboten. Der Gesetzgeber sah vielmehr einen Markt mit vielen Anbietern vor. Diese allgemein vorherrschende Stimmung begünstigte und beflügelte unseren Erfolg. Solange wir alle vertraglichen Pflichten der *Telekom* gegenüber erfüllten und immer pünktlich die Rechnungen bezahlten, konnten sie uns schlicht nicht abdrehen. Wir nutzten unsererseits den politischen Rückenwind proaktiv aus. Durchschnittlich gingen 80 bis 90 Prozent unserer Forderungen beim Regulator durch (ein enormer Schnitt, denn in der Regel gelten zehn Prozent schon als viel). Was sollte uns also passieren?

Überlebenskämpfe

Angebote zur Übernahme flatterten ständig zur Tür herein. Das Erste kam bereits 1998/99 im Zuge des Dotcom-Booms, als man alles aufzukaufen bestrebt war, was mit dem Internet zu tun hatte und langfristig Geld versprach. Ich fühlte mich damit aber nie wohl und kannte mich auch juristisch überhaupt nicht mit diesen Dingen aus. Das erste Angebot lehnte ich daher schon aus Prinzip ab, da ich es mit zwei Millionen Schilling (etwas über 145.000 Euro) viel zu niedrig angesetzt fand – zu viel zum Sterben, zu wenig zum Leben, wie man in Österreich so schön sagt. In meinem unternehmerischen Ehrgeiz wollte ich höher hinaus.

Doch auch als die Angebote immer lukrativer wurden, ließen wir die Investoren stets prompt abblitzen. Nicht nur wir selbst befanden uns im Flow, sondern auch das Geld floss ungehindert in unsere Taschen und aus ihnen heraus. Das Geld war kein Constraint, kein Hemmnis. Von unserer wirtschaftlichen Lage abgesehen, stand ich von jeher Investoren per se kritisch gegenüber. Sie riefen in mir ein ähnliches Gefühl hervor, wie es in meiner Kindheit die Autoritäten des Schul- und Ausbildungssystems getan hatten: Sie bestimmten über jemand anderes

Leben, schränkten die Freiheit eines Unternehmers ein, ja, nahmen ihm diese hart erarbeitete Freiheit sogar weg. Eine externe Investition, so mein Gefühl, schaffte risikoreiche Abhängigkeiten, die gar nicht so selten im kompletten Shutdown enden können. Wie oft hatte man etwa schon gehört, dass ein Investor glaubte: „Der Unternehmer kennt sich eh aus, der wird das schon richten", während der Unternehmer davon überzeugt war: „Der Investor weiß, was er tut, er wird mein Geschäft schon retten." Am Ende befanden sich dann beide Parteien in Konfusion, im Stillstand, in einer Sackgasse.

In so eine verzwickte Situation wollte ich mich nicht hineinmanövrieren. Niemals, dachte ich bei mir.

Doch dann kam 2003.

In diesem Jahr verzeichneten wir ein derart explosives Wachstum, dass wir plötzlich ganze 5000 Neukunden pro Monat verbuchten. Das zeugte an und für sich zwar von unserem Geschäftssinn und bescheinigte uns Erfolg. Auf der anderen Seite war dieser massive Anstieg aber auch schlicht brutal, denn solch einen Aufwand musste man erst einmal organisatorisch und finanziell stemmen. Die gestiegenen Anforderungen an unsere Infrastruktur und der tägliche Betrieb forderten ihren Tribut. Um die steigende Nachfrage befriedigen zu können, heuerten wir mehr Personal an und passten unsere Arbeitsprozesse an.

Das ging eine Zeit lang gut, doch irgendwann war das Wachstum so groß, dass es zu Liquiditätsengpässen kam. Unser Cashflow brach ein, weil die laufenden

Kosten für unsere Mitarbeiter und die Infrastruktur ins Unermessliche schossen. Zu allem Überfluss sahen wir uns plötzlich mit Millionenrückständen bei der Krankenkasse und mit derlei anderen Verbindlichkeiten konfrontiert. Unsere finanziellen Reserven waren erschöpft, und das Unternehmen war in einer gefährlichen Schieflage. *Inode* stand vor dem wirtschaftlichen Aus. In dieser Situation begannen wir erstmals die Fragilität unseres rasanten Wachstums innerhalb einer kurzen Zeitspanne zu realisieren.

Was wir im Angesicht dieser drohenden Gefahr brauchten, waren tatsächlich – und es fiel mir schwer, mir das einzugestehen – Investoren. Es war eine bittere Pille, die ich schlucken musste. Die Vorstellung, uns von externem Kapital abhängig zu machen, flößte mir Angst ein. Doch die Realität war nicht zu leugnen: Ohne frisches Kapital standen wir vor dem Bankrott. Das Unternehmen befand sich in einer Situation, in der wir keine andere Wahl hatten. Zum Glück besaßen wir mittlerweile ein großes geschäftliches Netzwerk, das wir über die Jahre hinweg aufgebaut hatten. Das erwies sich nun als unser Rettungsanker, auf dessen Grundlage wir eine erfolgreiche Investitionsrunde eröffneten.

Am Ende erhielten wir im Jahr 2004 eine Investition von vier Millionen Euro bei einer Bewertung von zwanzig Millionen Euro. Dieses Ergebnis stellte eine Erleichterung und zugleich einen Wendepunkt für *Inode* dar. Doch der Preis, den wir dafür zahlten, beschränkte sich nicht auf die finanzielle Natur. Noch heute denke ich ungern an diese persönlich erlittene Schmach zurück – so fühlte es sich zumindest an. Es war ein demütigender

Moment, in dem wir unsere Kontrolle über das Unternehmen teilweise abgaben und uns einem externen Einfluss aussetzten. Diese Entscheidung markierte eine Zäsur, auch wenn sie für das, was noch kommen sollte, die notwendige Voraussetzung bildete.

Die Investoren-Phase

Weder war die Entwicklung hin zu einem positiven Ausgang aus unserer Misere linear, noch war sie zu diesem Zeitpunkt abzusehen. Die Investition half uns zwar, das Überleben von *Inode* zu sichern, aber die Unsicherheit und die vielen ungelösten Herausforderungen blieben. Meinen Optimismus, der bis dato mein treuer geschäftlicher Begleiter gewesen war, vermochte sie nicht zu befeuern. Die Zahlen retteten uns, doch das Gefühl der Ungewissheit und die Furcht, dass wir uns vielleicht nur für eine kurze Zeit aus der Schusslinie bewegt hatten, blieb. Es war ein Moment der Notwendigkeit, kein Moment des Jubels.

Von den zwei Investoren, die sich gefunden hatten, stellte sich immerhin einer als große Unterstützung heraus: Klaus Matzka. Inmitten all der erdrückenden Zweifel und der verloren geglaubten Freiheit fühlte ich mich zum ersten Mal seit der Gründung von *Inode* irgendwie hilflos. 2004 war tatsächlich das einzige Jahr in meinem gesamten Leben, in dem ich schlaflose Nächte hatte. Dieser Umstand verbesserte sich nicht unbedingt dadurch, dass sich all meine über die Jahre gehegten Befürchtungen bewahrheiteten. Unsere Investoren saßen nun im Aufsichtsrat von *Inode*, mischten sich in die Unternehmensführung ein und verliehen ihren eigenen Vorstellungen Ausdruck. Im Handumdrehen waren wir von anderen abhängig geworden, obwohl wir doch eigentlich noch immer Unternehmer waren.

Diesen inneren Konflikt, der mit meinem stark ausgeprägten Autonomiebedürfnis konkurrierte, konnte ich nicht auflösen. Doch es sollte noch dicker kommen: Die beiden Investoren installierten aufgrund der prekären finanziellen Lage von *Inode* knapp nach dem unterzeichneten Angebot einen neuen CFO (unser bestehender CFO wurde kurzerhand entmachtet) bei *Inode*. Unglücklicherweise passte dieser meinem Empfinden nach kulturell weder zu mir noch zu meinen drei Co-Foundern. Ich wusste gar nicht, wie mir geschah. Auf einmal klopften all die Probleme täglich an meine Tür, die ich von Anfang an nie haben wollte. Obwohl *Inode* vorerst stabil weiterlief, missfiel mir die Stimmung in meiner eigenen Firma, und die Handhabe des geschäftlichen Alltags widerstrebte mir zutiefst. Ich spürte es unnachgiebig in mir: Unter solchen Bedingungen, in so einem Setting wollte ich definitiv nicht arbeiten. Ich konnte mich nicht mit der Rolle des Beifahrers abfinden, sondern wollte selbst das Steuer in der Hand halten.

Das Problem an der Sache war, dass keiner von uns vier Gründern eine Ahnung hatte, wie Investoren arbeiteten, welche Erwartungen sie mitbrachten und welche Aufgaben ihnen zufielen. Wir waren durchweg unbedarft und unerfahren auf diesem Feld. Dieses Ungleichgewicht lastete schwer auf mir. Klaus und sein Partner wussten im Gegensatz zu uns genau, was sie taten, während wir völlig im Unklaren waren, was wir von unseren Investoren überhaupt fordern sollten (oder durften). Getrieben von der Notwendigkeit, das dringend benötigte investierte Kapital zu sichern, reagierten wir eher impulsiv. Zugegebenermaßen ließ sich das Angebot aus wirtschaftlicher Sicht nicht bekritteln. Die vier Millionen gingen absolut in Ordnung. Was der zweite Investor, dessen Namen ich hier lieber nicht nennen möchte, jedoch in das Angebot hineinschrieb, stellte sich im Nachhinein als ein erheblicher Stolperstein für eine gesunde Geschäftsbeziehung heraus.

Dieser Stolperstein trug den juristischen Terminus einer dreifachen Liquidationspräferenz. Dass es sich dabei um eine Vorzugsbehandlung der Investoren bei Liquidation bedeutete, war uns bei der Vertragsunterzeichnung nicht klar gewesen. Michael und ich nahmen uns in unserer Frustration mit der vorherrschenden Situation im Unternehmen erst ein Jahr nach der Unterzeichnung die Zeit, um uns eingehender über diese Klausel zu informieren. Dabei fanden wir zu unserem großen Schreck heraus, was diese dreifache Liquidationspräferenz eigentlich konkret meinte: Sie besagte, dass bei einer festgelegten Unternehmensbewertung von zwanzig Millionen Euro und einem möglichen Exit von bis zu sechzig Millionen Euro die Investoren den gesamten Kaufpreis erhalten würden – während wir als Gründer komplett leer ausgehen würden. Als uns die Tragweite dieser Klausel erstmals bewusst wurde, blickten wir uns nur schweigend an und verharrten minutenlang in Schockstarre.

Wir blieben allerdings nicht lange untätig. Noch im selben Jahr, 2005, heuerten wir einen Anwalt an, dem wir den Vertrag vorlegten. Nach der Durchsicht musterte er uns ungläubig und fragte, warum wir diese Vereinbarung überhaupt unterschrieben hätten? Wir zuckten nur mit den Schultern. Was geschehen war, war geschehen. Man konnte die Unterzeichnung nun zwar nicht mehr rückgängig machen, aber man konnte sie immerhin anfechten. Als Gründer verstanden wir, dass wir es uns und unserem Unternehmen, das wir selbst aufgebaut und großgemacht hatten, schuldig waren, unsere Interessen durchzusetzen.

Der Exit

Nach wochenlangen harten Verhandlungen gelang es unserem Anwalt am Ende, die Liquidationspräferenz aus dem Vertrag zu tilgen. Wesentlich dazu beigetragen hatte sicher die Tatsache, dass zu diesem Zeitpunkt bereits ein neues Angebot auf unserem Tisch lag. Dieses Angebot stammte vom internationalen Telekommunikationsanbieter *UPC*, der Interesse an der Übernahme von *Inode* bekundete. Unsere Investoren – insbesondere der eine, dessen Name nicht genannt werden soll – wurden gierig. Ich konnte das Funkeln achtstelliger Eurobeträge in seinen Augen förmlich sehen, wenn wir von diesem Angebot sprachen. Mir gefiel dieses Kräfteverhältnis, denn mir war sofort klar: Wenn sich jemand, von dem man abhängig ist, von Habgier besessen zeigte, hatte man ihn in der Hand und konnte Forderungen stellen. Wir legten besagtem Investor daher ein Angebot vor, in dem wir ihm den Verkauf einzelner Unternehmensanteile vorschlugen. Er ging auf diesen Vorschlag ein und löste im Gegenzug die Liquidationspräferenz auf.

Im Endeffekt hätte sie ohnehin nicht gegriffen, da *UPC* mehr als sechzig Millionen bot. Für mich zählte aber trotzdem, dass wir diese gegen uns gerichtete Klausel aus dem Vertrag raushandeln und so unser Schicksal – bei aller Abhängigkeit von den Investoren – selbst in die Hand nehmen konnten. Es war ein kleiner Sieg, der uns das Gefühl gab, die Kontrolle zurückerobert zu haben. Die Genugtuung, die wir empfanden, als wir das ultimative Angebot von *UPC* über sagenhafte 95 Millionen Euro schließlich in den Händen hielten, lässt sich kaum in Worte fassen. Wir standen erneut auf der Gewinnerseite. Es blieb uns aber auch keine Zeit, um lange darüber nachzudenken, ob wir das Angebot annehmen oder ablehnen sollten. Von heute auf morgen ging alles Schlag auf Schlag. Sämtliche Entscheidungen mussten schnell getroffen werden. Das Angebot lag auf dem Tisch – und wir nahmen es schließlich an, ohne Zögern, ohne langes Abwägen. Das war 2006.

Der Exit fühlte sich zunächst irgendwie unwirklich an. Ein Unternehmen ist für seinen Gründer meist ja vom Konzept her wie das eigene Kind. Man erschafft es, man baut es auf – es trägt die eigene DNA, wenn man so will. Ich persönlich durchlebte in diesen Tagen vom Angebot bis zum Verkauf eine wahre Achterbahn der Gefühle. Auf der einen Seite war es unfassbar großartig, so einen Abschluss nach zehn Jahren aufopfernder Arbeit hingelegt zu haben. Darüber hinaus waren wir vier Gründer uns von Anfang an stets einig gewesen, dass wir *Inode* irgendwann verkaufen wollten. Die Frage war nur, wann und für welche Summe. Jetzt war also der richtige Moment gekommen, zumal uns die Entscheidung umso leichter fiel, als wir mit unseren Investoren ohnehin nicht glücklich waren (in Wahrheit stellten sie die größere Herausforderung dar als der Exit selbst). Auf der anderen Seite konnte ich trotz aller Euphorie und Erleichterung nicht umhin, mich in gewisser Weise ein wenig schuldig zu fühlen – schuldig, mein eigenes Kind, die Frucht meiner Saat, verkauft zu haben.

Als emotional schwierigster Moment gestaltete sich allerdings das Mitarbeitergespräch nach der Vertragsunterzeichnung. Um unsere Mitarbeiter umfassend über den Verkauf von *Inode* in Kenntnis zu setzen, organisierten wir ein hybrides (teilweise persönliches, teilweise per Videocall) geführtes Firmenmeeting. Als wir das Meeting eröffneten, senkte sich bleierne Stille über den Raum. Jeder spürte die Bedeutung dessen, was sich hier ereignete. Es fiel uns unglaublich schwer, die richtigen Worte zu finden, um zu erklären, was mit *Inode* passieren würde und welche Entscheidung wir getroffen hatten. Wir brachten es kaum über die Lippen, dass wir das Unternehmen verkauft hatten und auch aus allen Prozessen gänzlich auszuscheiden gedachten (denn eine Rolle im verkauften Unternehmen wollten wir nicht übernehmen).

Nach nur wenigen Minuten kullerten bereits die ersten Tränen. Wir hätten es nie erahnen können, wie emotional dieser Moment ausfallen würde, doch die Reaktionen unserer Mitarbeiter zeigten uns, wie tief auch sie mit dem Unternehmen verbunden waren. Tatsächlich waren einige von ihnen überrascht, andere enttäuscht, während wieder andere das Ganze kaum zu begreifen schienen. Aber was uns in diesem letzten gemeinsamen Moment noch alle einte, war das Gefühl von Verlust. Der Verkauf von *Inode* war mehr als nur der Verkauf eines Unternehmens; es war das Ende einer Ära. Es war ein Abschied. Und Abschiede taten immer weh.

Abgesang

Trotz allen Abschiedsschmerzes bin ich rückblickend überzeugt, damals die richtige Entscheidung getroffen zu haben. Hätte es die Probleme mit den Investoren nicht gegeben, wüsste ich ehrlicherweise nicht, was noch hätte kommen sollen, wie sich *Inode* hätte entwickeln können. Als wir *Inode* gründeten und unser Aufstieg begann, waren wir voller Inspiration. Wir hatten Vorstellungen, was mit dem Internet noch alles möglich sein würde, und konnten unseren Kunden dementsprechend jedes Jahr etwas Neues bieten (sei es via Add-Ons oder über Upselling-Strategien). Ab 2005 aber waren die Visionen verschwunden. Uns gingen buchstäblich die Ideen und die Luft aus. Der Markt war saturiert. Gleichzeitig konnten wir als Festnetz-Anbieter nicht auf den jüngsten Zug des Handy-Internets aufspringen, da *Inode* in technischer und infrastruktureller Hinsicht komplett auf das Festnetz ausgelegt war. Vielleicht fühlten wir es während des Exits schon, aus heutiger Perspektive weiß ich es gewiss: Unseren Peak hatten wir zwischen der ersten Investition und der *UPC*-Übernahme bereits erreicht. Wären wir im Spiel geblieben, wären wir mit Sicherheit wieder geschrumpft.

Der Exit kam somit genau zur rechten Zeit. So emotional schwer uns die Entscheidung auch fiel, als so faktisch richtig stellte sie sich heraus. Eine ähnliche Unternehmensbewertung, wie sie für *Inode* in den Jahren 2004 und 2005/2006 jeweils vorlag, hätte es danach nicht mehr gegeben. Ich kann zufrieden in den Spiegel schauen und bin mit mir und meiner Vergangenheit im Reinen. Alles, was ich weiß, ist – und das möchte ich mit Nachdruck festhalten – dass *Inode* ein Jahr vor dem iPhone verkauft wurde. Der Launch des ersten iPhone im Jahr 2007 veränderte alles und revolutionierte die gesamte Mobilfunkindustrie. Mit dem Smartphone wurde das Internet mobil – und *Inode* war sicher vieles, aber eben nicht mobil.

Wie wir mit unserem Slogan „Wir sind die Guten" über die Jahre hinweg betonten, zeichneten wir uns durch faire Geschäftsbedingungen, zuverlässige Services und Kundenorientierung aus – ein Kontrast zu den oftmals als unflexibel oder intransparent wahrgenommenen großen Telekommunikationsunternehmen. Der idealistische und authentische Ansatz unserer Marke brachte uns bei vielen Nutzern Sympathien ein. Ja, wir waren die Guten. Aber das war nun Geschichte.

TEIL 2

OFFLINE –
REISEN, FAMILIE,
FREIHEIT

Reflektionen eines Exitpreneurs

Wenn eine Reise zu Ende geht, wartet das nächste Abenteuer bereits auf der Türschwelle, wie es so schön heißt. Mein nächstes Abenteuer ließ in der Tat nicht lange auf sich warten. Ich konnte es zum Zeitpunkt des Exits noch nicht ahnen, doch mein Leben sollte sich in den kommenden zehn Jahren von Grund auf ändern.

Die Verwirrungen der Gefühle, die der Exit zunächst in mir ausgelöst hatte, wollten wochenlang nicht abebben. Vom triumphalen Hochgefühl bis hin zur Wehmut dessen, der mit hemmungslosem Stolz auf seine erfolgreiche Vergangenheit zurückblickte, blieb ich von keiner inneren Regung verschont. Ich war nun nach ganzen zehn Jahren unermüdlicher Arbeit und Aufopferung zum ersten Mal in meinem Leben mit einer vollkommen neuen Erfahrung konfrontiert: Ich war frei und finanziell unabhängig. Dieser Umstand stellte an und für sich keinen Grund für ein sich entwickelndes Dilemma dar. Die Herausforderung, die sich ergab, war vielmehr, dass ich zum ersten Mal in meinem Leben irgendwie ziellos dastand. Ich hatte von der süßen Frucht des Erfolgs gekostet. Ich hatte mehr erreicht, als ich jemals zu träumen gewagt hatte. Ich hatte mehr Geld verdient, als ich vernünftigerweise je ausgeben könnte. Hatte ich damit vielleicht meinen persönlichen Peak schon überschritten? Was sollte jetzt noch kommen? Was konnte diesen Erfolg noch toppen? Zwar war ich zumindest theoretisch bereit für ein neues Kapitel, doch was sollte dieses Kapitel beinhalten?

Zu diesen Fragen gesellten sich rasch – mehr unbewusst als bewusst – weitere Überlegungen, die ich in dieser Form vorher noch nie angestellt hatte: Wer war ich ohne meinen beruflichen Erfolg? Was blieb von mir, wenn ich nichts mehr leisten musste? Woran maß ich meinen Wert, wenn nicht an Umsatz und Wachstum? Meine Identität war seit meiner Kindheit stets an mein zunächst spielerisches und schließlich geschäftliches Interesse an Computern und Online-Netzwerken gekoppelt gewesen. Was blieb nach dem Exit von dieser Identität (und in weiterer Folge von mir selbst) noch übrig?

Bis zu diesem Zeitpunkt war meine Richtung immer klar gewesen, die Ziele eindeutig definiert. Zuerst kam da der Drang, meiner Leidenschaft zu folgen, mit Computern und im Bereich der EDV zu arbeiten. Daraus ging im Anschluss die Idee hervor, gemeinsam mit Michael ein Internetpionier zu werden und als Internetprovider einen neuen Pfad für andere zu ebnen. Und daraus wiederum entwickelte sich schließlich die Dynamik, ein Unternehmen zu gründen, aufzubauen und zu expandieren. Doch mit dem Verkauf von *Inode* schienen alle vorigen Ziele abgegrast. Es gab kein unmittelbares Ziel, keinen Punkt mehr, auf den ich hinarbeiten konnte. Ich atmete jene Freiheit, in deren Sog man auf offener See trieb – ohne Wind, der einem die Segel füllte, und ohne Kompass, der die Richtung wies.

In diesem Zustand der Losgelöstheit von allem, was Menschen üblicherweise im gesellschaftlichen Gefüge verankerte, beging ich die nächsten zehn Jahre meines Lebens. Es war eine Phase der Selbstfindung und Neudefinierung, wie sie bereichernder und schöpferischer nicht hätte sein können. Der Exit hatte mir das Geschenk gemacht, mich selbst neu erfinden, neue Einblicke ins Leben gewinnen und neue Kapitel aufzuschlagen zu dürfen. Zum ersten Mal nach den intensiven vergangenen zehn Jahren, hatte ich Zeit, mich um mich selbst zu kümmern und über meinen eigenen Tellerrand hinauszublicken. Es drängte mich, herauszufinden, was mir wirklich wichtig war und was ich für mich selbst als Person am Ende erreichen wollte.

Nach kurzer Zeit schon stellte sich ein neues Lebensgefühl ein. Ich verstand intuitiv, dass nicht jede Minute produktiv verbracht und nicht jeder Prozess in meinem Leben optimiert werden musste. Ich tat Dinge einfach, weil sie mich glücklich machten – und weil ich über die finanziellen Mittel und die Muße dazu verfügte. Ich wusste zwar nicht, was dieses neue Leben bringen würde, aber ich begriff, dass ich es dankbar mit all seinen Möglichkeiten und Unwägbarkeiten umarmen musste. Denn auch wenn sich mit dem Exit eine Tür geschlossen hatte, öffneten sich dafür unzählige neue, hinter deren Schwelle unbekannte Erfahrungen auf mich warteten. Und in dieser Erkenntnis lag ein Trost, der mehr als alles andere in mir eine Neugier auf jenes Leben weckte, das so unmittelbar vor mir lag.

Heute kann ich es unumwunden zugeben: In Wahrheit erwies sich diese Auszeit nicht nur als eine ungeheure Erleichterung nach Jahren der Rastlosigkeit, sondern war für mein persönliches Wachstum unumgänglich. Ich fühlte irgendwo in mir drin, dass eine Persönlichkeitsentwicklung – in welcher Form auch immer – notwendigerweise stattfinden musste. Eine solche kann üblicherweise auf vielen Ebenen vor sich gehen. Bei mir vollzog sich die Entwicklung in zwei zentralen Bereichen: Einerseits profitierte ich von den vielfältigen Eindrücken, die ich mithilfe meiner ausgedehnten Reisetätigkeit sammelte, andererseits wuchs ich sicher am meisten im Hinblick auf zwischenmenschliche Beziehungen. Letzteres hing vor allem mit meiner späteren Frau Angelika und unserer Familiengründung zusammen.

Was das Reisen anbelangt, befand ich mich die ersten drei Jahre nach dem Exit (das heißt von 2006 bis 2009) fast durchgehend unterwegs und fernab von zuhause. Ich kam eigentlich nur in unregelmäßigen Abständen zum Wäschewaschen zurück nach Wien. Nach meiner Kindheit im für mich als kleingeistig empfundenen Baden, meiner ungeliebten Ausbildungzeit in Wien sowie den aufopfernden Jahren als Unternehmer in Österreich hatte ich – von den gelegentlichen Urlauben mit Michael abgesehen – von der Welt noch bei Weitem nicht genug gesehen. Mit meinem Vorsatz, dies grundlegend zu ändern, unterschied ich mich nicht von vielen anderen Unternehmern, die sich oft jahrelang mit Scheuklappen im Kosmos ihres Unternehmens bewegten und die es irgendwann, je nach Trigger, in die Welt hinaustrieb.

Experimente

In gewisser Weise fiel mein Bedürfnis nach Selbstfindung und Erweiterung meines persönlichen Horizonts wohl mit einer kurzzeitig durchlebten Midlife-Crisis zusammen. Als der Exit über die Bühne ging, war ich gerade einmal 31 Jahre alt. Und so sehr sich meine harte Arbeit und der daraus resultierende Erfolg auch gelohnt haben mochte, so sehr wurde mir in der Zeit danach schmerzlich bewusst, wie viele Dinge ich in meinen Zwanzigern möglicherweise versäumt hatte. Während andere zwischen zwanzig und dreißig die Welt bereist, unbeschwert Partys gefeiert oder ihre ersten ernsthaften Beziehungen vertieft hatten, hatte ich mich in langen Nächten über Businesspläne und Server-Setups gebeugt. Während andere spontane Entscheidungen getroffen und einfach nur *gelebt* hatten, hatte ich Kalkulationen finanzieller und kundenorientierter Art angestellt und um das Überleben meines Unternehmens gekämpft.

Mein bisheriges Leben war ein erfüllendes, aber zugleich einseitiges Leben gewesen – eines, das mir jetzt, im Rückblick, eine Lücke offenbarte, die im Wesentlichen nicht ausschließlich mit Erfolg zu füllen war. Ich hatte schlicht das Gefühl, meine Jugend irgendwie verpasst und viele Chancen meiner vielleicht besten Jahre abseits des Geschäftslebens nicht wahrgenommen zu haben. *Sex, Drugs und Rock'n'Roll* gehörten nicht zu meinem Erfahrungskreis. Die Freiheit jedoch, die nach dem Exit Einzug in mein Leben hielt, ermöglichte es mir schließlich, dass ich nun ohne Konsequenzen tun und lassen konnte, was mir so in den Sinn kam. Gerade meine ausgeprägte Reisefreudigkeit entschädigte mich für viele vermeintlich verpasste Jugendfreuden und erfüllte mich mit einem noch nie dagewesenen Daseinszweck.

Beruflich blieb es in den folgenden Jahren meiner Persönlichkeitsentwicklung eher ruhig. Als einzig nennenswerten Vorstoß aus diesem Zeitraum kann ich meine ersten eigenen Erfahrungen als Investor verbuchen, die sich nach meiner Selbstfindungsphase konkretisieren und bis in die Gegenwart hinein ziehen sollten. Dabei streckte ich 2008 meine Fühler zunächst einmal in Richtung Immobilienbranche aus. Ich kaufte zusammen mit Michael ein Haus in Wien. Wir wollten aber nicht etwa darin wohnen, sondern vielmehr damit Geld verdienen, indem wir es auszubauen und danach wieder zu verkaufen gedachten. Zumindest war das der Plan. Am Ende fielen wir mit unseren Vorstellungen aber ordentlich auf die Nase. Wir gerieten an die falschen Berater, die uns das Blaue vom Himmel erzählten und uns ein X für ein U vormachten. Unwissend und naiv, wie wir waren, veräußerten wir unsere Immobilie am Ende mit großem Verlust.

Immerhin hatten wir daraus aber genügend Lehren gezogen, um ein Jahr später, 2009, einen erneuten Versuch in Berlin anzustellen. Diesmal handelte es sich gleich um mehrere Häuser, die wir kauften, um sie anschließend zu restaurieren, und an geldwillige Käufer zu bringen. Aus geschäftlicher Perspektive zahlte sich dieses Investment aus, da die Voraussetzungen günstiger waren. Nicht nur die Marktpreise kamen uns im Gegensatz zum im Vergleich bereits völlig überteuerten Wien entgegen, sondern wir verwandten dieses Mal auch genügend Zeit darauf, unsere Berater und Bauleiter auf Herz und Nieren zu prüfen. Anders gesagt: Wir setzten auf die richtigen Leute und wurden dafür belohnt.

Mit diesen Immobilieninvestments begann ich damals, weil ich irgendwann im Lauf meiner Reisen den Drang verspürte, etwas komplett Neues auf der geschäftlichen Front auszuprobieren. Allerdings merkte ich schnell, dass ich für das Immobiliengeschäft per se nicht brannte. Es war an und für sich ganz nett, wenn man ein Haus kaufte oder baute und es dann vermietete oder verkaufte, aber ich suchte vergeblich nach dem inneren Feuer, das diese Geschäfte voraussetzen. Im Prinzip lagerte ich als Investor sämtliche Aufgaben an Leute aus, die sich damit auskannten. Seit den Berliner Tagen beauftrage ich Externe mit ganzen 95 Prozent aller anfallenden Arbeiten, während ich ausschließlich als Investor agierte. Für mich stellte das Immobiliengeschäft seit jeher nichts anderes als eine Asset-Klasse dar, wobei mein Immobilienportfolio fluktuierte: Ich kaufte, renovierte und verkaufte ständig. Somit war ich als Immobilieninvestor tätig, ohne dass ich mit den Immobilien oder deren Finanzierung groß meine Zeit verbrachte. Aber das Thema Investitionen sollte mich später ohnehin noch in ganz anderen Dimensionen führen. Beginnen wir allerdings von vorne mit meiner Reise um die Welt.

Der legendäre Dubai-Trip

Mein allererster Gedanke unmittelbar nach dem Exit war: Freiheit. Ich fühlte mich schwerelos und beseelt. Dabei konnte ich in den ersten Stunden nach dem Ausstieg und der offiziellen Übergabe von *Inode* an dessen neue Eigentümer meine Gedanken noch nicht einmal ansatz- weise ordnen. Michael und ich blickten uns nur stumm an, nachdem alles sauber über die Bühne gegangen war, und grinsten. Im Grunde waren wir beide erleichtert über die getroffene Entscheidung und das Outcome. Die letz- ten zwei Jahre, die Phase der Investoren, während der wir uns der Willkür anderer überlassen hatten müssen, hatten ihren Tribut gefordert. Seit meiner unfreiwilligen Schul- und Lehrzeit hatte ich mich nicht mehr so unfrei und vom Willen anderer diktiert gefühlt. Umso stärker spürte ich jetzt meine neu gewonnene Handlungsfrei- heit in mir aufsteigen. Endlich war ich niemandem mehr etwas schuldig. Endlich konnte ich wieder durchatmen. Endlich fiel der Druck der letzten Jahre, der schwer auf meinen Schultern gelastet hatte, wie Ballast ab.

Michael und ich waren uns einig: Diesem Umstand musste Rechnung getragen, unser Erfolg gebührend ge- feiert werden. Wie in den guten alten Zeiten, wenn wir neue Pläne aushecken oder uns kühlen Kopfes einer besonderen Herausforderung annehmen mussten, steckten wir auch diesmal die Köpfe zusammen. Dabei sprachen wir über alles und nichts. Uns fielen zahlreiche Ideen ein, wie wir unseren neuen Lebensabschnitt begehen könnten. Mit jedem Vorschlag wurden die Gespräche lebhafter, zugleich aber auch verrückter. Wir redeten uns in einen regelrechten Rausch und hielten uns lachend die Bäuche angesichts unserer immer absurderen Szenarien.

Da sprang Michael plötzlich auf, sodass der Tisch aufgrund der Heftigkeit seiner Bewegung vibrierte.

„Weißt du was?", rief er aufgeregt. „Lass uns Urlaub machen – aber diesmal so richtig im Millionärs-Style, mit allem Drum und Dran!" Dabei breitete er die Arme aus, als wollte er die Welt umarmen, die nun zum Greifen nah schien. Ich starrte ihn zuerst verdutzt an, die Stirn leicht gerunzelt, als würde ich abwägen, ob er jetzt ernsthaft verrückt geworden wäre. Schließlich fuhr aber auch ich hoch und streckte ihm die Hand entgegen. „Deal!"

Ab diesem Moment gab es kein Halten mehr. Die Worte *alles Drum und Dran* wurden zur Devise des Abends, und wir ließen unserer Fantasie freien Lauf. Welche Hotels? Die teuersten! Welche Destinationen? Die exotischsten! Welche Erfahrungen? Die absurdesten! Wir wollten keine halben Sachen machen. Dieser Urlaub sollte nicht nur irgendein Trip werden, sondern eine Ode an das Leben, an die Freiheit, die wir uns so hart erarbeitet hatten. Noch am selben Tag buchten wir einen Flug nach Dubai – wohin sonst sollte man als frisch gebackene Millionäre auch fliegen? Dubai versprach uns den Glanz und die Glorie siegreicher Unternehmer. Die Stadt war eine einzige große Bühne für die Reichen und Erfolgreichen, wie wir uns selbst nun welche wähnten. Dort, zwischen Wolkenkratzern und hochkarätigen Geschäftsideen, gedachten wir, die Faszination des Reichtums in vollen Zügen auszukosten.

Unser ausschweifender Sinn kannte dabei keine Grenzen: Zum ersten Mal in unserem Leben gönnten wir uns einen Langstreckenflug in der First Class. Schon beim Einsteigen umfing uns der Reiz des Luxus, während die Flugbegleiter uns wie Könige behandelten. Jeder Sitz war eine Oase, ausgestattet mit Massagemöglichkeiten, einer privaten Minibar und einem Menü, das in einem Sterne-Restaurant hätte serviert werden können. Es war ein Vorgeschmack auf die Exzesse, die uns in den kommenden Tagen erwarten würden.

In Dubai angekommen, stand schon ein Helikopter bereit, um uns vom Flughafen in einem atemberaubenden Rundflug über die glitzernde Skyline der Stadt zu unserem Hotel, dem legendären Burj Al Arab, zu bringen. Dort wurden wir von einer Delegation an Mitarbeitern in Empfang genommen, die uns in die von uns gebuchte Präsidentensuite geleiteten. Der Raum war ein Palast für sich: eine mehrstöckige Suite mit bodentiefen Fenstern, die einen spektakulären Blick auf das Meer und die Skyline der Stadt boten – goldene Armaturen und einen eigenen Butler inklusive. So ließ es sich leben! So schmeckte das Leben als Millionär! Michael und ich könnten uns an diesen neuen Lebensstil überraschend schnell gewöhnen, wie wir lachend feststellten.

Die Tage in Dubai flogen nur so dahin, gefüllt mit allem, was das Herz begehrte. Morgens schlürften wir Champagner zum Frühstück, gefolgt von Massagen und Spa-Behandlungen in einem Wellnessbereich, der jede Vorstellung von Luxus übertraf. Mittags speisten wir in Restaurants, deren Köche mit einem Michelin-Stern ausgezeichnet waren. Abends besuchten wir dann die Nachtclubs der Stadt, wo wir die teuersten Drinks bestellten, einfach nur, weil wir es konnten. Unterm Strich ließen wir keine Möglichkeit aus, unseren neuen Millionärs-Lifestyle in vollen Zügen zu genießen. Dubai wurde zu unserer ganz persönlichen Spielwiese, auf der wir die Regeln selbst gestalteten. Der Reichtum eröffnete uns nicht nur eine neue Welt, sondern auch eine neue Sicht auf das Leben. Aber wie lange würde dieser Rausch anhalten?

Zwischen Millionen und Meilen

Eine Antwort auf diese Frage fand sich schnell: vermutlich noch ein Weilchen. Ich sah die ganze Sache relativ nüchtern. Ich hatte die Zeit, das Geld und mit Michael außerdem den perfekten Travelbuddy, um diese Reisephase weiter auszudehnen. Insgesamt verwandten wir dabei nicht allzu viel Zeit auf übertriebenes Nachdenken. Wir flogen einfach dorthin, wohin es uns spontan trieb oder was uns gerade als Destination in den Sinn kam. Selbstverständlich reisten wir nun, da wir in der Millionärsklasse Blut geleckt hatten, nicht Economy, nicht Business, sondern ausschließlich First Class. Und warum auch nicht? Warum sollten wir darauf verzichten, nur weil uns vielleicht so manche alte Bekannte schief von der Seite anzuschauen begannen?

Um ehrlich zu sein, sollten derartige Reaktionen der Außenwelt für uns bis heute ein ewiges Rätsel bleiben. Für mich bewahrheitete sich angesichts dieser plötzlichen Veränderung unseres Umfelds am Ende irgendwo der Spruch: „Die größten Arschlöcher sind auf einmal deine engsten Freunde. Auf der anderen Seite empfinden dich viele deiner Freunde auf einmal als Arschloch."

Sogar eine Bank, die uns 2004 noch den Hahn zudrehen wollte, kam unmittelbar nach dem Exit angekrochen und bot uns Private Banking an. So verrückt spielte das Leben.

Dennoch finde ich mich seit jenen frühen Erfahrungen mit meinem Vermögen mitunter nur schwer damit ab, dass in unserer Gesellschaft oft ein kapitalfeindliches Denken vorherrscht, das sich nicht mit hehren Motiven rechtfertigen lässt. Es scheint, als werde Wohlstand automatisch mit Gier oder Ungerechtigkeit gleichgesetzt, als wäre der Besitz von Geld ein moralisches Laster.

Mich hingegen befiel bereits in den ersten Wochen unserer Reisetätigkeit die nicht zu leugnende Einsicht, dass Geld einfach nur eine großartige Sache ist. Es mochte zwar kein Selbstzweck sein, aber ein Werkzeug, einen Schlüssel zu Möglichkeiten, die ohne finanzielle Freiheit schlicht undenkbar wären, stellte es allemal dar. Wer über Geld verfügte, konnte sich sein Leben gleich um ein Vielfaches erleichtern.

Unsere Reisen waren das beste Beispiel dafür: Am Flughafen saßen wir fortan in Lounges, in die nur exklusive Reisende Eintritt hatten und wo fernab der Flughafenhektik kostenloser Champagner floss. Überall sonst wurden wir in Limousinen herumkutschiert wie Rockstars, chauffiert von Fahrern, die uns Türen aufhielten und uns mit diskreter Professionalität behandelten. In den meisten Hotels stellte man uns sogar einen Butler zur Seite, der uns jeden Wunsch von den Augen ablas.

Ich genoss mein neues Standing, ohne mich dafür zu schämen. Plötzlich war ich keine bloße Nummer mehr, die sich in endlosen Warteschlangen hinten anstellen oder um Aufmerksamkeit kämpfen musste. Ich war nun jemand, der wahrgenommen wurde – jemand, dessen Ankunft man bemerkte. Ich brauchte mich nicht mehr vorstellen, sondern die Leute machten nun einen Buckel und stellten sich *mir* vor (nicht selten in der unverkennbaren Absicht, mich beeindrucken zu wollen). Dieser Lifestyle gefiel mir schon damals, und ich mache keinen Hehl daraus, dass ich ihn bis zum heutigen Tag genieße. Ich habe mir meine Privilegien mit klugen Entscheidungen und einer ordentlichen Portion Durchhaltevermögen ehrlich erarbeitet. Da ist überhaupt nichts Schmutziges dran, so zu fühlen. Im Gegenteil ist diese Empfindung sogar zutiefst menschlich.

So kam es auch, dass die schönsten und verrücktesten Momente meiner drei intensiven Reisejahre aufs Engste mit dem Thema Geld verknüpft waren. Einige Male verblüffte es mich dabei selbst, was man für Geld alles kaufen konnte. Als Michael und ich etwa ein paar Tage auf den Seychellen verbrachten, wies uns unser Hotel – selbstverständlich eines der besten der Inselgruppe – unserem Buchungsprofil entsprechend einen Privatstrand zu. Privatstrand? Ich hatte von solchen Dingen zuvor schon gehört, sie aber immer für Übertreibungen wohlhabender Luxusliebhaber gehalten. Doch da lagen wir nun zu zweit auf unseren breiten, komfortablen Liegestühlen. Das Meer vor unseren Augen glänzte in sanftem Türkisblau. Mit nur einem Fingerschnippen erschien wie aus dem Nichts ein Kellner, der uns mit Cocktails versorgte. Und das Beste daran? Keine einzige Menschenseele weit und breit! Es war, als hätten wir das Paradies ganz für uns allein gepachtet. Und tatsächlich hatten wir das auf gewisse Art und Weise. Am Rand des Strandes hing nämlich ein kleines Schild, das runtergeklappt wurde, als wir den Strand betreten hatten, und das seitdem „Strand besetzt" anzeigte.

Mit dem entsprechenden Kontostand ließ sich quasi ein ganzer Strand kaufen. Warum also nicht gleich einen Privatjet, der uns permanent schnellen Zugang zu solchen Stränden eröffnete? Michael und ich zögerten auch in dieser Hinsicht nicht lange. Wir erkannten die Möglichkeiten, die sich ergaben, wenn man keine festen Flugpläne mehr beachten musste, sich sinnloses Warten bei Check-Ins und Sicherheitskontrollen ersparte und im Genuss der eigenen Privatsphäre direkt an jeden Zielort reisen konnte. Kurzentschlossen erstanden wir einen Privatjet mit zwei Piloten und exklusiver Ausstattung.

Und wir nutzten ihn ausgiebig. Wir flogen damit jahrelang quer durch Europa und ließen keine Gelegenheit für spontane Wochenendtrips oder ausgedehntes Länder-Hopping aus. Jeder noch so entlegene Flughafen der Welt stand uns mit wenig Aufwand offen. Erst gegen Ende unserer dreijährigen Reisetätigkeit trennten wir uns von dem Privatjet. Die Erhaltungskosten – von der Wartung über das Tanken bis hin zur Bezahlung der Crew – erwiesen sich als astronomisch. Wir erkannten, dass ein solches Luxusgut selbst mit Millionen auf dem Konto auf Dauer mehr Belastung als Nutzen brachte (und vielleicht sogar einen Millionär arm bekommen könnte).

Eine Frage der Perspektive

Während wir all diesen Luxus, der uns magisch in seinen Bann zog, in vollen Zügen genossen, kamen wir aber natürlich auch überall auf der Welt mit verschiedenen Formen von Armut in Berührung. Die Gegensätze zwischen den schillernden, privilegierten Sphären, in denen wir uns bewegten, und den schwierigen Lebensrealitäten anderer Menschen stachen in Teilen Südamerikas, Asiens und Afrikas deutlicher denn je hervor. Es stimmte offensichtlich, dass man ab dem Moment, in dem man es geschafft hatte, wie ein *besserer* Mensch behandelt wurde. Daraus ergab sich im Umkehrschluss ein schmerzhafter Zwiespalt, den wir zwar erkannten, an dem wir letztlich jedoch auch nichts zu ändern vermochten: Wer es nicht schaffte, blieb in der gesellschaftlichen Wahrnehmung irgendwo immer ein *Mensch zweiter Klasse*.

Dieses unsichtbare Stigma war auf all unseren Reisen spürbar, sei es in den Slums von Mumbai, den überfüllten Vierteln von Kairo oder in ländlichen Regionen Afrikas, wo die Armut so greifbar war wie die Hitze, die uns entgegenschlug. Ich glaube, dass Michael und ich uns dieser Ambivalenz insofern besonders stark bewusst waren, als wir selbst nicht ursprünglich der *Oberschicht* entstammten. Wir kannten das Gefühl, kämpfen zu müssen, um überhaupt gesehen zu werden. Das machte die Erfahrung, plötzlich auf der anderen Seite dieser gesellschaftlichen Trennlinie zu stehen, für uns noch intensiver.

Gleichzeitig mussten wir uns auch eingestehen, dass Reichtum und Wohlstand in gewisser Weise immer relativ waren. Genauso, wie es kaum Grenzen nach unten gab, gab es auch nach oben hin keine wirkliche Begrenzung. Als wir durch die engen schmutzigen Gassen indischer Slums spazierten und sahen, wie die Menschen mit ihren Kindern dort auf wenigen Quadratmetern lebten, erschien uns unser Vermögen geradezu grotesk. Im Vergleich zu den Superreichen jedoch, etwa in New York, fühlten wir uns wie arme Schlucker. Die Luxusimmobilien in Vierteln wie Tribeca oder entlang von Central Park South, deren Preise alle Maßstäbe sprengten, führten uns deutlich vor Augen, dass unser Wohlstand das obere Ende der Skala nicht einmal ansatzweise tangierte. Es war eine seltsame Erkenntnis: In einer Welt, in der man ständig nach oben und unten blickte, gab es immer jemanden, der über noch mehr verfügte – und jemanden, der fast nichts hatte.

Eine zentrale Lehre fürs Leben, die ich aus dieser Einsicht zog, war, dass Glück nicht allein im materiellen Wohlstand zu suchen ist. Wahres Glück zeigte sich in der Fähigkeit, das Leben selbst als tägliches Geschenk zu betrachten und bereichernde Erfahrungen zu sammeln. Auf paradoxe Weise musste ich also zuerst reich werden, um die simplen Dinge schätzen und überhaupt erst erkennen zu lernen: die Schönheit eines Sonnenuntergangs am Meer, die Freude an einem ehrlichen Gespräch oder der

Zauber eines zufälligen Moments in einer fremden Stadt. Ohne den Exit und den daran anschließenden Millionärs-Lifestyle hätte bei mir vermutlich nie jene Persönlichkeitsentwicklung stattgefunden, die sich im Angesicht von Armut und Luxus gleichermaßen innerlich vollzog. Erfüllung liegt niemals in den äußeren Umständen, sondern stets nur in der Art, wie wir diese erleben und mit ihnen umgehen.

Das Land der unbegrenzten Möglichkeiten

Am Ende meiner drei Jahre auf Reisen hatte es mich um die ganze Welt verschlagen. Auf allen Kontinenten und in aller Herren Länder war ich in Kontakt mit unterschiedlichen Kulturen gekommen. Allerorts war ich neuen Menschen begegnet und hatte meinen Horizont in fast humanistischem Sinne erweitert. Ich könnte nicht sagen, welches Land das schönste gewesen wäre oder welches mir die schlimmste Erfahrung geboten hätte. Eine objektive Wahrheit gibt es in dieser Hinsicht nicht. Bei aller Schönheit exotischer Landstriche in Asien und bei aller kulturellen Vielfalt so mancher historischen Altstadt in Europa hinterließ wohl aber kein Land einen derart starken Eindruck auf mich wie die USA. Grund dafür war und ist vor allem die wirtschaftliche Prägung der Staaten auf der einen und deren sozial-politische Ausrichtung auf der anderen Seite.

Als Unternehmer, der von Grund auf ein Business auf die Beine gestellt und einen millionenschweren Exit erfolgreich hinter sich gebracht hatte, faszinierte mich das Land der unbegrenzten Möglichkeiten naturgemäß sehr. Das Narrativ eines Mannes, der vom Tellerwäscher zum Millionär werden kann, leuchtete mir angesichts meiner eigenen Lebenssituation vollkommen ein. Wäre ich in den USA geboren, wäre ich der mustergültige *Tellerwäscher* gewesen.

Tatsächlich fiel es mir auf meinen wochenlangen Reisen durch die USA wie Schuppen von den Augen: Man kann in Wahrheit wohl nirgendwo besser als Unternehmer tätig werden als in den USA. Grund dafür ist das vorherrschende Mindset. In Amerika sind alle Leute Macher. Das Konzept von Arbeit ist dort kulturell derart verwurzelt, dass das Leben von jedem Einzelnen im Wesentlichen aus Arbeit besteht. Diese Ausmaße vermag man sich in Europa nicht einmal ansatzweise vorzustellen. Ich bewunderte (und bewundere es noch immer), dass der Amerikaner sozusagen zum Arbeiten geboren ist. Vielleicht ist er aufgrund des fehlenden Sozialsystems, das ihn nicht wie bei uns einfach auffängt, in gewisser Weise sogar zum Arbeiten verdammt.

Betrachtet man die Sache aber nüchtern, erweist sich das gesamte kulturelle Umfeld in den USA einfach als unglaublich wirtschaftsfreundlich – anders als in Österreich oder überhaupt in ganz Europa. In den USA tritt jeder von der Wiege bis zur Bahre als Unternehmer auf. Selbst als Arbeitnehmer fungieren die Leute als Unternehmer. Was etwa das Thema Urlaub anbelangt, lehnt sich niemand einfach nur mal so zwei Wochen zurück und dreht in der Südsee die Däumchen. Wer in den USA auf Urlaub geht, ist PTO – *paid time off*.

Und dann existieren natürlich auch keine sprachlichen, monetären oder gesetzlichen Barrieren, die einem – wie in Europa – jegliche Businesstätigkeit erschweren. In allen fünfzig Bundesstaaten spricht man dieselbe Sprache. In allen fünfzig Bundesstaaten benutzt man dieselbe Währung. In allen fünfzig Bundesstaaten gibt es dieselbe Judikatur. Für Unternehmen und die Wirtschaft insgesamt ist das ein wahrer Traum. Man hat einen 350-Millionen-Menschen starken Abnehmermarkt, auf dem 24/7 ununterbrochen gekauft und konsumiert wird.

Dementsprechend spricht auch jeder andauernd vom *Business* – sei es von seinem eigenen oder von dem anderer. Die USA sind im Prinzip nichts anderes als ein überdimensionaler Basar, auf dem jeder als Salesman ständig seine Produkte und Leistungen anpreist. Stellt sich der Erfolg dann ein, scheut man sich auch nicht, über das Thema Geld zu sprechen. Und wieso auch nicht? In den USA lässt sich unglaublich viel Geld verdienen. Reiche Leute wohnen dort auf Anwesen mit dreißig Schlafzimmern, umgeben von mehreren Hektar Land. Erfolgreiche Geschäftsleute fragen sich nicht, ob sie heute Business oder First Class fliegen sollen, sondern welchen Privatjet sie diesmal wählen. Bei uns hingegen ist es geradezu verpönt, das Gespräch auf Umsätze, Kontostände oder Kredite zu lenken. Dazu kommen die ungerechtfertigt hohen Steuern, die einem in Europa ein Viertel bis zu einer Hälfte des Einkommens wegnehmen.

Im Gegensatz zu den Amerikanern denken wir in zu engen Mustern. Ich bin überzeugt davon, dass mein Exit in den USA nicht nur achtstellig, sondern ein Milliardenexit gewesen wäre. Was Frank Sinatra einst für New York postulierte, behaupte ich von Österreich und Europa: „If you can make it here, you can make it anywhere." Wer es in Österreich und Europa schafft, wäre in den USA zehnmal so erfolgreich.

Daran schließt sich eine Beobachtung an, die ich über die Jahre regelmäßig gemacht und mitunter am eigenen Leib erfahren habe: Wenn man in Österreich als Unternehmer scheitert, wussten zuvor alle schon immer, dass es einem nicht gelingen würde. Wenn man hingegen erfolgreich wirtschaftet, muss man irgendetwas Linkes gedreht haben. Ich würde mir wünschen, dass die Einstellung, die mir in den USA begegnete, auch in unseren Gefilden verstärkt Einzug halten würde. Um sich das amerikanische Mindset jedoch anzueignen, muss man es vielleicht erst selbst einmal erlebt haben. Eine solche Aufklärungsreise kann ich jedem aufstrebenden Unternehmer und denen, die es noch werden sollen, daher nur ans Herz legen.

Neue (Er-)Kenntnisse

2009 ging nach drei phänomenalen Jahren Michaels und meine gemeinsame Reisezeit langsam zu Ende. Unser Wissensdurst und unsere Abenteuerlust waren fürs Erste gestillt; wir hatten die ganze Welt gesehen und verspürten mit knapp Mitte dreißig eine gewisse Sättigung. Mit unserem Wunsch nach mehr Sesshaftigkeit kam aber nicht nur unsere Reisetätigkeit zu einem Ende, sondern auch Michaels und meine Lebenswege begannen sich erstmals seit einer gefühlten Ewigkeit zu trennen. Seit 1994 waren wir ein eingespieltes Team gewesen, unzertrennlich wie Tom und Jerry, Sherlock Holmes und Dr. Watson, Bud Spencer und Terence Hill. Wir hatten fünfzehn Jahre lang unsere Zeit miteinander verbracht, praktisch durchgehend zusammen gewohnt und die Gesellschaft des anderen beruflich wie privat genossen. Nach der letzten gemeinsamen Reise drifteten unsere persönlichen Ziele und Prioritäten allerdings allmählich auseinander.

Nicht, dass wir uns zerstritten hätten. Unsere Freundschaft blieb intakt. Einzig die Dynamik änderte sich. Es fand kein Bruch statt, sondern vielmehr eine natürliche Entwicklung, die sich anfühlte wie das Loslassen eines gemeinsamen Kapitels, das notwendig war, um Platz für neue Geschichten zu schaffen. Ich erinnere mich, wie ich in jener Zeit oft an unsere ersten Tage zurückdachte, als wir ohne Plan und mit viel Enthusiasmus unsere ersten Schritte als Unternehmer gewagt hatten. Es war erstaunlich, wie weit wir gekommen waren – im Team und auch jeder für sich.

Bei Michael ging es ab 2009 Schlag auf Schlag. Er suchte die häusliche Gemütlichkeit, heiratete 2011, bekam unmittelbar darauf ein Kind und zog mit seiner jungen Familie in die Schweiz. Dort lebt er noch heute, öfter als zweimal pro Jahr sehen oder hören wir jedoch nicht mehr voneinander. Auch das liegt nicht an irgendwelchen Ressentiments, die einer von uns gegenüber dem anderen hegen würde (im Gegenteil, denn Michael ist heute mein Schwager). Der Grund ist vielmehr, dass wir irgendwie erwachsen geworden sind und das Leben uns in verschiedene Richtungen geführt hat.

Trotz der räumlichen und zeitlichen Distanz hält sich zwischen uns aber eine unausgesprochene Verbindung. Wenn wir uns sehen, sei es bei Familienfeiern oder zufälligen Begegnungen, spüren wir sofort die alte Vertrautheit und den Respekt, der aus unserer gemeinsamen Vergangenheit herrührt. Unsere Gespräche beginnen nie bei Null – sie setzen einfach da an, wo sie zuletzt aufgehört haben, und werden immer von einem Augenzwinkern und einem Hauch Nostalgie begleitet. Es ist schon erstaunlich, wie sich Beziehungen verändern können, ohne dass sie an Wert verlieren. Wir mögen heute zwei unterschiedliche Leben führen, doch Michael wird immer ein Teil meiner Geschichte bleiben, genau wie ich ein Teil der seinen.

Während Michael schon früh in der Schweiz die Ruhe und Beständigkeit eines Familienlebens fand, war mein eigener Weg zu diesem Zeitpunkt noch unklar und voller Fragezeichen. Diese Phase fühlte sich für mich wie ein schwebender Zustand an, eine Art Pause, in der ich mich weder vorwärts noch rückwärts bewegen konnte. Es war, als würde ich auf einem Bahnsteig stehen, während die Züge in alle möglichen Richtungen abfuhren – aber keiner davon schien der richtige für mich zu sein. Ich hatte Zeit, ich hatte Geld, nur hatte ich keinen klaren Plan.

Auf weitere Reisen hatte ich vorerst keine Lust, zumal mir nun auch der Reisebuddy fehlte. Die Unternehmenswelt interessierte mich allerdings nur bedingt, denn um mir ein zweites *Inode* aufzubauen, konnte ich nicht genügend Motivation aufbringen. Ich befand mich in einem seltsamen Spannungsfeld zwischen Zufriedenheit und innerer Unruhe. Auf der einen Seite verspürte ich immer noch die Freiheit, alles tun zu können, was mir vorschwebte. Auf der anderen Seite fühlte ich auch diese unbestimmte Leere, die Freiheit ohne Ziel oder Zweck manchmal mit sich bringen konnte. Es war nicht so, dass ich nicht dankbar für all das war, was ich erreicht hatte – im Gegenteil. Aber mein vergangener Erfolg allein reichte eben nicht aus, um mein Leben für immer zu füllen. Es musste etwas geben, das tiefer ging und mich zumindest kurzfristig erfüllte.

Ich meldete mich daher nach flüchtiger Überlegung bei einer Flugschule in Wiener Neustadt an, um den Pilotenschein zu machen. Das technische Interesse sowie ein grundsätzliches Verständnis für Flugplanung und -sicherheit hatte ich mir – Autodidakt, der ich seit jeher war – in den Tagen unseres Privatjets angeeignet, als ich den Piloten wiederholt über die Schulter schauen durfte. Seit damals faszinierte es mich, wie das Flugzeug als komplexes System funktionierte und welche Problemlösungskompetenzen Piloten mitbringen mussten, um ein Flugzeug zu steuern.

Die Ausbildung zum Piloten erwies sich am Ende als überaus bereichernder Prozess. Nicht nur, dass ich mir ein ungeheures Wissen aneignete – von der Theorie der Aerodynamik bis hin zur praktischen Anwendung im Cockpit – sondern es war auch eine völlig neue Lernerfahrung. Plötzlich saß ich wieder in der Schule, wo der Lernstoff nach einem klar strukturierten Stundenplan vermittelt wurde, der aber trotzdem Spaß machte. Zuvor war ich immer der autodidaktische Tüftler gewesen, der eher vom Ausprobieren und vom klassischen *Learning by Doing* profitiert hatte.

Die Ausbildung dauerte insgesamt zwei ganze Jahre. 2011 erwarb ich schließlich meinen offiziellen Berufspilotenschein, allerdings reizte mich der Job als Pilot nur wenig. Theoretisch hätte ich bei einer Airline anheuern können, aber allein die Vorstellung, mich über eine Anstellung in die Abhängigkeit von jemand anderem zu begeben, löste in mir den altbekannten Widerwillen aus. Nichtsdestotrotz blicke ich auf diese zwei Jahre in Wiener Neustadt mit großer Dankbarkeit zurück. Sie bleiben für mich besonders prägend, weil ich damals zum ersten Mal in meinem Leben eine Ausbildung abgeschlossen habe.

Wurzeln schlagen

Nachdem ich nun die Welt gesehen und eine Ausbildung absolviert hatte, begann ich, mich zunehmend auch auf persönlicher und zwischenmenschlicher Ebene weiterzuentwickeln – insbesondere im Hinblick auf meine Familie. Schon während meiner Reisephase verspürte ich das unbestimmte Bedürfnis, meinen Eltern auf emotionaler Ebene etwas zurückzugeben. Unternehmerisch waren sie nie involviert gewesen und ich hatte sie weitgehend aus den Entwicklungen rund um *Inode* herausgehalten. Als die Firma wuchs und expandierte, sprach ich kaum jemals mit ihnen über meine Geschäfte. Wahrscheinlich erfuhren sie aus den Zeitungen mehr über meine Erfolge als von mir persönlich. Nach meinem Exit konnten sie ihren Stolz auf mich aber nicht länger verbergen, obwohl sie meinen Erfolg gleichzeitig wohl nur schwer einordnen konnten.

Um meine Eltern jedoch zumindest in gewisser Weise teilhaben zu lassen, lud ich sie mehrmals auf gemeinsame Reisen ein. Es bereitete mir großes Vergnügen, sie an verschiedene Destinationen wie die Seychellen oder Kapstadt, Amsterdam und Venedig zu bringen. Diese Erlebnisse stellten für mich eine wertvolle Möglichkeit dar, den Erfahrungsschatz meiner Eltern zu bereichern und sie mit meiner neuen Lebensrealität vertraut zu machen.

Besonders stolz war ich darauf, sie in die First-Class-Erfahrung einzuführen, was sie sichtlich beeindruckte. Es war ein Moment der Gegenseitigkeit. Während ich meinen Eltern die Tore zu einer Welt öffnete, die sie sich nie hätten vorstellen können, erlebte ich selbst einen tiefen Moment kindlicher Zufriedenheit.

Von meinen Eltern abgesehen, kümmerte ich mich auch um meine ganz persönlichen Familienbelange. Nach Erhalt des Pilotenscheins setzte ich mich vermehrt mit dem Gedanken auseinander, eine eigene Familie zu gründen. Eine Frau an meiner Seite gab es zu diesem Zeitpunkt bereits: Angelika, Michaels Schwester. Wir kannten uns schon aus jenen Tagen, in denen Michaels Kinderzimmer als *Inode*-Headquarter fungiert hatte. Im Zuge unserer Reise um die Welt beschlossen Angelika und ihre Mutter, Michael und mich auf einen Trip nach Indien zu begleiten. Ich lernte Angelika somit erstmals so richtig kennen. Wir verbrachten viel Zeit miteinander, vertieften unsere Gespräche und bauten eine besondere Verbindung zueinander auf. Sie teilte viele meiner Interessen und war mir auf emotionaler und intellektueller Ebene zumindest ebenbürtig, vielleicht sogar überlegen. Dies übte einen gewissen Reiz auf mich aus, da ich stets Wert darauf gelegt hatte, mich mit Leuten zu umgeben, die mich bereicherten.

Nach der gemeinsamen Reise ließ ich dann nicht mehr locker. Angelika ließ mich aber ganz schön zappeln. Es sollte schließlich noch stolze drei Jahre dauern, bis Angelika und ich offiziell als Paar auftraten. In privaten Angelegenheiten wurde sie zu meiner neuen *Geschäftspartnerin*. Wir schmiedeten gemeinsam Pläne, gingen

Herausforderungen gemeinsam an und setzten Projekte gemeinsam um. Dabei ergänzten wir uns perfekt in unserer jeweiligen Herangehensweise und waren uns stets in Sachen jeglicher Ressourcenverteilung einig. Während ich mich mit meiner nüchtern-strategischen Art um die Details kümmerte, behielt Angelika stets den Überblick (davon abgesehen, dass sie ein überaus feines Gespür dafür hatte, welche zwischenmenschlichen Aspekte in den verschiedensten Situationen berücksichtigt werden mussten).

Angelikas Blick für das Wesentliche zeigte sich auch beim Bau meines Hauses, das ich von 2011 bis 2012 realisierte. Als Angelika am Ende der Bauphase – nunmehr als meine Freundin – dazustieß, fiel ihr sofort auf, dass eine Tür zum Keller fehlte. Damit qualifizierte sie sich perfekt für die Stellung als Bauherrin sowie als Lebensgefährtin an meiner Seite. Unser Einzug in das Haus war ein symbolischer Schritt, der unsere Beziehung endgültig besiegelte. Unmittelbar darauf, im Februar 2013, folgte der nächste große Schritt: unsere Hochzeit. Wie die meisten Paare nutzten wir diesen Tag, um gemeinsam sowohl auf die Anfänge unserer Reise zurückzublicken als auch freudig nach vorne in die Zukunft zu schauen.

Eine lustige Episode ereignete sich in den Wochen nach unserer Heirat, in denen Angelika plötzlich in den Augen der Außenwelt sozusagen zur *Millionärsgattin* avancierte. Bis zu diesem Zeitpunkt hatte sie als Lehrerin an einer Schule in Niederösterreich gearbeitet, doch dann passierte etwas völlig Unerwartetes: Eines Tages flatterte ihr die Kündigung ins Haus. Der Direktor teilte ihr mit, dass aufgrund von Schülermangel Personal abgebaut werden müsste und Angelika zu den betroffenen Lehrkräften gehörte.

Was wir nicht wussten: Er selbst schmiss ein Jahr nach Angelikas Kündigung hin und verließ die Schule. Als Angelika nämlich eines Tages in einem der gerade modern gewordenen Babykurse saß, kam sie mit einer Frau ins Gespräch, die sich später als die Gattin des Ex-Direktors entpuppen sollte. Es entwickelte sich eine Freundschaft zwischen den beiden Jungmüttern, im Zuge derer auch der Ex-Direktor und ich uns näher kennenlernten. Als wir uns in guter harmonischer Manier einmal zu viert zum Mittagessen trafen, nahm die Geschichte eine Wendung, die uns alle zum Schmunzeln brachte.

Während des Gesprächs kam Angelika erneut auf ihre Kündigung zu sprechen, und der ehemalige Direktor gestand uns daraufhin freimütig, dass er damals zwar wirklich gezwungen gewesen war, Personal abzubauen. Man hatte lange herumdiskutiert, wen man kündigen könnte. Die Entscheidung sei schlussendlich aus dem Grund aber auf Angelika gefallen, weil sie – wie es damals von vielen Seiten hieß – „ja reich geheiratet hätte". Festgemacht hatte man das primär an meinem Mercedes AMG, mit dem sie irgendwann angefangen hatte, täglich zur Schule zu fahren. Zugegebenermaßen war die Begründung kurios, sie zeigt aber nur wieder, wie oberflächlich Vermögen in Österreich bewertet wird. Kommt man als Lehrer mit einem schicken Auto zur Arbeit, wird man sofort als jemand betrachtet, der nicht wirklich auf das Einkommen aus dem Lehrerberuf angewiesen ist. Angelika und ich nahmen die Geschichte mit Humor, fügte sie unserer Heirat doch eine amüsante Anekdote hinzu.

Die Erwähnung des Babykurses gibt zweifelsohne Aufschluss darüber, was sich nach der Hochzeit auf familiärer Ebene tat: Im Oktober 2014 kam unsere Tochter Stefanie, im Dezember 2016 unser Sohn Tobias zur Welt. Obwohl ich es mir Jahre zuvor selbst nie hätte vorstellen können, fügte ich mich schnell in die Rolle des sorgenden Familienvaters. Es war eine unglaubliche Erfahrung, die mich mehr erfüllte, als ich es je erwartet hätte. Tatsächlich ging ich in meiner Vaterrolle ungemein auf und verbrachte sehr viel Zeit mit meinen Kindern. Was ich in der Vergangenheit an Zeit und Geld in *Inode* und meine Reisen gesteckt hatte, investierte ich nun gewinnbringend in meine Familie. Ich entschied mich bewusst dafür, zu Hause zu bleiben, und tauchte mit Angelika tief ins Familienleben ein. Wer stets so kompromisslos nach einem Ganz-oder-Gar-nicht-Mindset lebte wie ich, der kam nun natürlich auch nicht um das Wechseln der Windeln, das Verabreichen von Fläschchen und den täglichen Spaziergang herum.

Auf diese Mühen, die mir selbst so viel bedeuteten, bin ich nicht weniger stolz als auf meinen geschäftlichen Erfolg. Andere Leute, die finanziell ähnlich gut aufgestellt waren wie wir, hätten in unserer Situation, ohne lange zu zögern, gleich mehrere Kindermädchen engagiert (viele Leute aus meinem Umfeld taten dies tatsächlich), um sich den mentalen und körperlichen Verpflichtungen des Elterndaseins zu entziehen. Ich jedoch brachte dieselbe Hands-on-Mentalität, die mich als Unternehmer ausgezeichnet hatte, nun in mein Familienleben ein. Wie mit

Jahre zuvor baute ich mein ganz persönliches *Familienunternehmen* selbst auf – mit Hingabe, Leidenschaft und der festen Überzeugung, damit etwas Bleibendes und Wertvolles zu schaffen.

Zwei Erkenntnisse setzten sich damals in meinem Denken durch: erstens, dass man manche Dinge nicht mit Geld aufwiegen kann. Die Zeit, die ein Vater mit seinen Kindern verbringt und in der er sie aufwachsen sieht, ist eines davon. Zweitens ist Arbeit nicht das Wichtigste im Leben (zumindest, wenn man sich es leisten kann, nicht arbeiten gehen zu müssen).

TEIL 3

BLOCKCHAINS & BREAKTHROUGHS – NEUE WEGE IM WEB 3.0

Auf der Suche nach Inspiration

Noch vor der Geburt meines Sohnes begann sich zum ersten Mal nach vielen Jahren in mir wieder ein gewisser Funke meines alten Unternehmergeistes zu regen. Es war eine Art Neugier, die mich an die aufregenden Anfänge meiner früheren Unternehmerreise erinnerte, an die Zeit, in der Visionen grenzenlos schienen und gefühlt alles möglich war. Auslöser dafür war ein Mann, dessen Name bis heute untrennbar mit Innovation und Fortschritt verbunden ist: Elon Musk.

Das *Phänomen Musk* begann damals erst so richtig die Welt zu befallen. 2015 erschien die erste Biographie von Elon Musk, Ashlee Vances berühmter Bestseller *Elon Musk: Tesla, SpaceX und die Suche nach einer fantastischen Zukunft* (im Original: *Elon Musk: Tesla, SpaceX, and the Quest for a Fantastic Future*).

Darin zeichnete Vance nicht nur als Erster die Entstehungsgeschichten von *Tesla*, *SpaceX* und *SolarCity* nach, sondern gab auch Einblicke in die visionären und ehrgeizigen Projekte des amerikanischen Unternehmers, der bereits 2002 seine Internetfirma *PayPal* für schlappe 1,5 Milliarden Dollar an *eBay* verkauft hatte. Vance feierte

Musk als eine zeitgenössische Version legendärer Erfinder und Industrieller vom Format eines Thomas Edison, Henry Ford oder Howard Hughes.

Dieses Buch fiel eines Tages auch mir in die Hände. Die Lektüre prägte mich ungeheuer – ja, sie rüttelte mich geradezu wach. Ich verschlang das Buch in nur wenigen Tagen, und es hinterließ in mir den brennenden Wunsch, die Welt des Unternehmertums nicht länger von der Seitenlinie aus zu betrachten. Selten hatte mich eine Geschichte so sehr inspiriert wie jene von Musk. Begierig saugte ich seine Ideen und Vorhaben, die vor meinen Augen buchstäblich Gestalt annahmen, in mich auf. Ich konnte gar nicht fassen, dass es so eine Figur überhaupt gab! Da saß einfach einer im Silicon Valley und baute Elektroautos und Raketen mit einer Selbstverständlichkeit, als würde er Kekse und Kuchen verkaufen. Fun Fact: Musk kannte man zu diesem Zeitpunkt in Europa noch kaum. Ich hatte ihn allerdings schon auf dem Schirm, denn ich fuhr seit 2014 einen Tesla Model S.

Doch es war nicht nur Musks unermüdlicher Ehrgeiz, der mich faszinierte, sondern auch seine Fähigkeit, trotz enormer Risiken immer wieder etwas Neues anzufangen, Grenzen zu verschieben und dabei die Welt zu verändern. Es verblüffte mich zutiefst, welche Eingebungen Unternehmer in den USA in die Tat umsetzen, welche noch so scheinbar verrückte Ideen sie Wirklichkeit werden lassen konnten. In gewisser Weise baute ich über Elon Musk wieder eine stärkere Verbindung zur Unternehmenswelt auf, wobei seine Herangehensweise gleichzeitig mein Interesse auf eine komplett neue Ebene hob. In Ermangelung unmittelbarer europäischer Vorbilder führte er mir deutlich vor Augen, wie viel Luft es nach oben gab und was in unserer Gegenwart noch alles möglich sein könnte.

Während ich über Musks Visionen nachdachte, wurde mir bewusst, dass Unternehmer wie er nicht nur Produkte oder Dienstleistungen an sich schafften, sondern auch einen völlig neuen Geist in die Welt setzen. Sie inspirierten andere, größer zu denken, und erzielten einen Impact, der weit über ihr eigenes Handeln hinausreichte. Das war die Art von Wirkung, die ich vor Jahren als Gründer von *Inode* gespürt hatte und die ich nun wieder suchte.

Obwohl sich über die Anschaulichkeit von Musks Ambitionen ein neuer Tatendrang meines Geistes bemächtigte, wusste ich nicht genau, in welche Richtung oder Branche ich mich eigentlich orientieren sollte. Eine konkrete Geschäftsidee fehlte. Mein erster Gedanke war zunächst, dort wieder anzusetzen, wo ich einst erfolgreich aufgehört hatte – im Internet- und IT-Geschäft. Schließlich war dies das Spielfeld, auf dem ich meine ersten großen Siege errungen und einen millionenschweren Exit über die Bühne gebracht hatte. Doch schnell musste ich feststellen, dass sich ein möglicher Wiedereinstieg als alles andere als einfach gestalten würde. Zu lange war ich weg gewesen. Zu viel Zeit war vergangen. Nach ganzen zehn Jahren außerhalb des Geschäftszirkels kannte mich keiner mehr – zumindest nicht in dem Sinn, dass ich als neuberufener Revolutionär des Web 2.0 gegolten hätte. Wer mich noch kannte, erinnerte sich vielleicht an den jungen Gründer von damals, aber betrachtete mich sicher nicht als den Visionär, der in der heutigen, tiefgreifend transformierten Internetlandschaft noch einen entscheidenden Unterschied machen könnte.

So hart es war, mir das einzugestehen: In vielen Dingen hatte ich einfach den Anschluss verloren. Es ist eine der bitteren Pillen des Lebens, zu erkennen, dass niemand auf dich wartete. *Energie hinterlässt man stets nur dort, wo man Zeit verbringt.* Und ich hatte in den letzten Jahren zu Hause und in der Fremde Zeit verbracht, nicht aber am Schreibtisch oder über Businessplänen.

Doch es war nicht nur mein Platz in der Branche, der mich grübeln ließ. Auch das Internet selbst schien seinen ursprünglichen Reiz verloren zu haben. In den 1990ern und frühen 2000ern war es ein fruchtbares, beinahe unberührtes Terrain voller Möglichkeiten gewesen, ein Ort, an dem Pioniere das Unmögliche möglich machen konnten. Mittlerweile war das Internet allgegenwärtig, alltäglich, fast banal geworden. Jeder nutzte es, jeder war ständig damit verbunden – sei es auf Smartphones oder über Smartwatches, ja, sogar die modernsten Kühlschränke waren an das World Wide Web angeschlossen. Was einst ein Flair von Originalität und Neuartigkeit versprüht hatte, war nun so selbstverständlich wie Elektrizität geworden. Das Internet hatte sämtliche Magie des Neuanfangs vollkommen eingebüßt. Der Gedanke, in diese Welt zurückzukehren, die mir früher so viel Energie und Inspiration gegeben hatte, erschien mir daher – wenig überraschend – höchst unattraktiv. Es war, als sei die Bühne, auf der ich einst mit so viel Enthusiasmus agiert hatte, nun von einem anderen Ensemble übernommen worden, das seine eigenen Geschichten erzählte. Und in diesen Geschichten spielte ich keine Rolle mehr.

Neuland betreten: Venture Capital

Diese Einsicht, die Internetwelt in gewisser Weise hinter mir gelassen zu haben, empfand ich jedoch als alles andere als schmerzvoll. Schließlich befand ich mich nunmehr in einer komplett anderen Lebenssituation als zu Beginn meiner Internetkarriere. Als ich mit *Inode* begann, war ich ein junger Mann gewesen, der ohne Verpflichtungen vor sich hinlebte und etwas versuchen musste. Nun aber war ich schwerreich und verspürte weder den Drang noch den Wunsch, mir erneut von Null an etwas aufzubauen. Der einstige Hunger nach größtmöglichem Erfolg war verschwunden. Ich musste mir selbst und anderen nichts mehr beweisen. Dementsprechend genoss ich einerseits den Luxus des vorangerückten Alters und andererseits die Belohnung dessen, der im Leben schon etwas geleistet hatte.

Allerdings entpuppte sich das Leben nach dem zweiten Kind trotzdem irgendwie als beängstigend gesetzt. Ich kümmerte mich nach wie vor gemeinsam mit Angelika aufopfernd um unsere kleine Familie, suchte aber – ob bewusst oder unbewusst kann ich heute gar nicht mehr so genau sagen – zunehmend auch nach einer zusätzlichen Beschäftigung außerhalb meiner eigenen vier Wände. Mein gesteigerter Tatendrang machte sich dabei vor allem in der Pflege von Business-Kontakten bemerkbar, die die letzten zehn Jahre überdauert hatten. Am Ende stieg ich ausgerechnet über Klaus Matzka, einen der beiden ehemaligen Investoren von *Inode*, wieder ins geschäftliche und geschäftige Leben ein.

Matzka hatte sich eines Tages Anfang 2017 mit mir zum Mittagessen verabredet. Er hatte als treibende Kraft eine zentrale Rolle bei der Gründung der Venture-Capital-Gesellschaft *Speedinvest* gespielt und trug zum damaligen Zeitpunkt als Partner enorm dazu bei, das Unternehmen zu einem der führenden Risikokapitalgeber für Start-ups in Europa zu entwickeln. Als er mir von seinen aktuellen Projekten und Plänen erzählte, spürte ich sofort, wie mein unternehmerischer Sensor anschlug. Die Welt der Start-ups in größeren Dimensionen zu denken – soll heißen: Die Vorstellung, disruptive Unternehmen mit Millionen an Kapital auszustatten und so zu fördern – faszinierte mich angesichts der Möglichkeiten, die sich dadurch für Unternehmer und Investoren gleichermaßen ergaben.

Ich ließ mich auf allerlei aufregende Gedankenspiele mit Matzka ein und genoss es, mit einem kreativen und schlauen Kopf wie ihm Diskussionen über das Konzept von *High-Risk* versus *High-Value* zu führen. Matzka seinerseits bemerkte wohl schnell, dass ich mein Interesse an Venture-Fonds über das übliche Geschäftsgebaren hinausging. Er schlug mir daher kurzerhand vor, gemeinsam etwas Neues zu wagen und mit ihm als Wegweiser einen zukunftsträchtigen Pfad der Unternehmenswelt zu betreten. Ich biss sofort an. Wir waren noch nicht einmal beim Hauptgericht angelangt, als wir bereits erhitzten Gemütes über Investitionen in so manches aufstrebende Start-up sprachen, die Entwicklung innovativer Lösungen für die Probleme der Gegenwart und der Zukunft ansprachen sowie die Erschließung neuer Märkte anvisierten.

Matzka lenkte das Gespräch schlussendlich geschickt auf einen neuen Fonds der *Speedinvest*, für den er gerade Kapital sammelte, um aktiv die Entwicklung einiger vielversprechender Start-ups voranzutreiben. Er argumentierte, dass die Gelegenheit aufgrund des hohen Renditepotentials, der Diversifikation, des Zugangs zu Expertenwissen und der langfristigen Perspektiven günstig für mich sei, in den Fonds zu investieren und die Gestaltung der Zukunft so mitanzustoßen. Er malte ein Bild von einem dynamischen Marktumfeld, in dem innovative Start-ups nicht nur finanzielle Gewinne versprachen, sondern auch die Welt von morgen verändern könnten.

„Hier geht es nicht nur ums Geld", schwärmte er leidenschaftlich. „Es geht darum, Einfluss zu nehmen, zu gestalten und Teil einer Bewegung zu sein, die das Potential hat, Branchen und Leben zu transformieren!"

Sein Argument überzeugte mich. Meine tief empfundene Abneigung gegenüber traditionellen Banken und Beratern, die in meinen Augen ohnehin eher als Hemmschuh für echte Innovationen wirkten, tat ihr Übriges. Ich hatte immer schon an die Kraft und die Möglichkeiten geglaubt, die ambitionierte Start-ups mit ihren frischen Ideen und unerschütterlichen Visionen auszuloten versuchten. Die Aussicht, nun nicht nur ein stiller Beobachter, sondern ein aktiver Teil dieser Bewegung zu werden, war genau das, wonach ich gesucht hatte. Es fühlte sich an, als hätte ich meine neue Rolle nun vorerst in der Entwicklung von gesellschaftsverändernden Start-ups gefunden.

Die Entscheidung war also schnell getroffen. Trotz der anfänglichen Zweifel und Bedenken, die mir vielleicht ab und an noch durch den Kopf geisterten, setzte ich Vertrauen in Matzka und das Potential des *Speedinvest*-Fonds. Ich investierte eine halbe Million Euro in den Fonds und war nun plötzlich selbst – zehn Jahre, nachdem ich unter der notwendigen Investition in *Inode* gelitten hatte – zum Investor geworden. Ich hatte die Seite gewechselt.

Anfangs war es ein merkwürdiges Gefühl, auf dieser anderen Seite zu stehen. Ich war nun nicht mehr derjenige, der Kapital suchte, sondern derjenige, der es zur Verfügung stellte. Ich hatte nun die Macht, neue Chancen zu schaffen und Start-ups zu unterstützen. Mit dieser Evolution meiner Rolle vom Unternehmer zum Investor ging eine neue finanzielle Verantwortung, Einfluss auf den Lauf der Geschichte zu nehmen einher. Diese Vorstellung imponierte mir und ließ mich rasch tiefer in die Welt der Investments eintauchen.

Kunst und Logik des Investierens

Ich hatte Blut geleckt – so sehr, dass ich mich in den nächsten Wochen gierig in die Mechanismen rund um das Thema Venture Capital einzuarbeiten begann. Mein ewig autodidaktischer Ansatz kam mir dabei erneut zugute. Ich hatte es mir seit meinen Kindheits- und Jugendtagen vor dem Computer angewöhnt, mich in meine Interessen derart zu vertiefen, dass ich nun über mehrere Tage hinweg ganze Stunden tiefenfokussiert und mit Scheuklappen vor der Welt nur mit Recherchen, Zeitungsberichten, News Feeds, Fachartikeln und Videos zum Thema Venture Capital zubrachte. Es war, als wäre ich in ein schwarzes Loch gestürzt, das mich und die Materie, mit der ich mich umgab, absorbierte.

Nach nur kurzer Zeit erkannte ich, dass diese ganze Venture-Capital-Geschichte aus Amerika kam. Natürlich. Ich konzentrierte meine Recherchen daher auf die USA, denn dort wurde das Spiel, das bei uns noch relativ neu war, schon seit Jahrzehnten gespielt. Penibel notierte ich mir jedes Detail, jede Erfolgsgeschichte von Start-ups und Investoren, die mit cleverem Timing und strategischen Entscheidungen Millionen verdienten. Silicon Valley, Boston und New York waren dabei Namen, die immer wieder auftauchten, als ich mich mit den Wurzeln des Venture-Capital-Finanzsystems befasste. Die Geschichten von legendären Fonds und visionären Investoren wie *Sequoia Capital*, Andreessen Horowitz oder *Soft-Bank* weckten in mir das Bedürfnis, noch tiefer zu graben. Ich realisierte, dass Venture Capital in den USA nicht nur ein Geschäftsmodell war, sondern eine regelrechte Kultur, geprägt von Risikobereitschaft, Innovation und dem Drang, die Welt zu verändern.

Die Strategien, die Netzwerke und vor allem die Denkweise der amerikanischen Investoren faszinierten mich. Sie hatten eine Mentalität, Chancen in jedem Risiko zu sehen, und dies in einem rasanten Tempo, das in Europa selten zu finden war. Mir wurde klar, dass es nicht nur genügte, Bücher zu lesen oder Videos zu schauen. Wenn ich wirklich verstehen wollte, wie dieses System funktionierte, musste ich lernen, selbst in den Mustern des Systems zu denken. Als ich daher nach wenigen Tagen aus meinem sprichwörtlichen schwarzen Loch wieder herauskroch, wusste ich, welche Schritte ich als Nächstes machen musste. Etwaige Lücken, die ich auf die Schnelle nicht in zufriedenstellender Weise hatte schließen können, schloss ich im Zuge meiner Anwesenheit bei Meetings der *Speedinvest*, zu denen ich nunmehr regelmäßig eingeladen wurde.

Von meiner Lust am autodidaktischen Lernen abgesehen, war es vor allem meine ausgeprägte Menschen- und Unternehmenskenntnis, die mir in der Welt der Venture-Capital-Finanzierung und der Start-ups erhebliche Vorteile verschafften. Ich hatte ein Gespür dafür, wie Unternehmen tickten und wie Menschen miteinander interagierten – etwas, das man in dieser Branche niemals unterschätzen darf. Dabei konnte ich auf einen reichen Erfahrungsschatz aus zwanzig Jahren Unternehmensführung und Immobilieninvestments zurückgreifen, der mich lehrte, Risiken abzuwägen, Chancen zu erkennen und langfristige Strategien zu verfolgen. Mit diesem Wissen ausgestattet, vertraute ich auf meine Fähigkeit, nicht nur die Zahlen, sondern auch die subtilen Dynamiken in einem Unternehmen zu bewerten.

Dabei blieb mir nicht verborgen, dass Investoren in vielerlei Hinsicht an Reporter erinnern: Sie sind ständig auf der Suche nach Geheimnissen oder unveröffentlichten Geschichten, die ihnen einen entscheidenden Vorteil verschaffen könnten. Die Details betrafen dabei die unterschiedlichsten Aspekte – manchmal handelte es sich um bahnbrechende technologische Innovationen oder unerschlossene finanzielle Potentiale. Doch nicht selten ging es auch einfach nur um die zwischenmenschlichen Feinheiten im Gründungsteam: Vertrauen, Konfliktfähigkeit, Resilienz. Gerade diese menschlichen Faktoren bestimmten oft, ob ein Unternehmen die unvermeidlichen Herausforderungen überstand oder daran zerbrach.

Tatsächlich scheitern Unternehmen am häufigsten aus zwei Gründen: Entweder, weil das Produkt den Markt nicht überzeugt, oder weil das Team hinter der Idee auseinanderdriftet. Beide Szenarien sind für einen Investor ungeheuer bitter, insbesondere wenn er zuvor schon erhebliche Mittel in ein solches Vorhaben gesteckt hat. Für einen Investor reicht es daher nicht, einfach nur Kapital zu haben; er muss vielmehr wie ein Detektiv oder

Analytiker agieren. Es geht darum, Muster in den Daten, in der Marktlandschaft und vor allem im Verhalten der Menschen zu erkennen, die das Unternehmen führen. Die Kunst des Investierens besteht darin, im richtigen Moment zuzuschlagen, sobald sich aus diesen Mustern Möglichkeiten ergeben. Dieser Prozess erfordert Geduld, eine scharfe Beobachtungsgabe und die Fähigkeit, Chancen nicht nur zu erahnen, sondern sie auch zu ergreifen. Erfolgreiche Investitionen sind daher weniger ein Glücksspiel und vielmehr das Ergebnis einer Kombination aus Intuition, Erfahrung und geschäftlichem Gespür.

Nachdem ich also mein erstes Investment bei der *Speedinvest* getätigt und meine VC-Feuertaufe damit erfolgreich überstanden hatte, begann ich, mich auch bei anderen Venture-Fonds umzusehen. Einer der ersten Schritte in dieser Richtung führte mich zu *3VC*, damals noch unter dem Namen *Capital 300* bekannt. Diese österreichische Venture-Capital-Gesellschaft hatte sich auf Frühphaseninvestitionen in technologieorientierte Startups spezialisiert – ein Bereich, der mich sowohl intellektuell als auch unternehmerisch enorm reizte. Die Möglichkeit, an der Seite erfahrener Experten und innovativer Gründer zu arbeiten, schien die perfekte Gelegenheit, mein Wissen im Bereich des Risikokapitals weiter zu vertiefen.

Während dieser Phase meiner ersten Investments entwickelte sich meine Lernkurve rasant. Jede neue Begegnung, jede Analyse eines Geschäftsmodells und jede Diskussion über Marktchancen führte mich zu einem noch profunderen Verständnis der Materie. Ich lernte eine Vielzahl faszinierender Menschen kennen und baute ein solides Netzwerk auf, das mir zusätzlich zu meiner theoretischen autodidaktischen Beschäftigung vor allem dabei half, jene praktischen handwerklichen Fähigkeiten zu entwickeln, die für das Venture-Business unerlässlich sind.

Eine der wichtigsten Lektionen, die ich in dieser Zeit verinnerlichte, war das Verständnis für und die Einordnung von Risikoklassen. Wir alle hören immer wieder die stereotype Behauptung, ein echter Unternehmer kenne kein Risiko – oder sei nur dann authentisch, wenn er bereit ist, ein solches einzugehen. Doch als Investor musste ich mich schnell von dieser simplifizierten Vorstellung lösen. In Wahrheit spielt Risiko immer eine Rolle, sobald man Kapital einsetzt. Der entscheidende Punkt ist, dieses Risiko nicht nur zu akzeptieren, sondern es auch zu bewerten, zu kategorisieren und möglichst klug zu managen.

Gerade Venture Capital bewegt sich dabei in einer der höchsten Risikoklassen überhaupt. Man investiert in Unternehmen, die oft noch gar keine etablierten Produkte, keine stabilen Einnahmequellen und manchmal nicht einmal eine klare Vorstellung von ihrem langfristigen Geschäftsmodell haben. Doch genau in dieser Unsicherheit liegt auch das größte Potential. Der Schlüssel zum Erfolg als Investor besteht darin, eine Balance zu finden: Risiken einzugehen, ohne leichtsinnig zu werden, und dabei stets den Blick auf das große Ganze nicht zu verlieren.

Wer sich dazu entschließt, das hohe Risiko von Venture-Capital-Investitionen zu tragen, braucht ein glasklares, dezidiertes Verständnis vom Konzept der Rentabilität. Denn je höher das Risiko einer Investition, desto höher muss auch der potentielle Return ausfallen. Ohne diesen Zusammenhang funktioniert die gesamte Asset-Klasse des Risikokapitals schlichtweg nicht. Anders ausgedrückt: Das eingesetzte Kapital muss stets Renditen generieren, die der jeweiligen Risikoklasse angemessen sind. Bleiben diese aus, wird der Risikokapitalgeber schnell selbst zum Risiko – und endet letztlich als gescheiterte Fußnote im Markt.

Ich musste in meinem Umfeld immer wieder miterleben, wie selbst erfahrene Investoren (darunter Freunde und Netzwerkpartner) genau in diese Falle tappten. Sie scheiterten daran, die notwendigen Returns zu erzielen, und zahlten dafür mit ihrer Glaubwürdigkeit und ihrem Kapital.

Mir hingegen schien das Venture-Glück hold. Meine Investitionen entwickelten sich von Anfang an positiv und brachten überdurchschnittliche Renditen. Rückblickend sehe ich den Grund dafür weniger in unverschämtem Glück oder gar intuitiver Risikobereitschaft, sondern vielmehr in meiner Fähigkeit, Chancen durch Berechnung und strukturiertes Vorgehen in tatsächliche Erfolge umzuwandeln. Denn während andere Investoren oft von einem fast spielerischen Enthusiasmus für das Risiko getrieben wurden, betrachtete ich jede Situation nüchtern und analytisch. Ich war ausnahmslos darauf bedacht, fundierte Entscheidungen zu treffen und meine Optionen genau abzuwägen. Dieser Ansatz, gepaart mit einer klaren Strategie, ermöglichte es mir, in die Kategorie der sogenannten Superstars im Portfolio-Management aufzusteigen – eine seltene Ausnahmeerscheinung im sonst so volatilen VC-Bereich.

Nach meinen erfolgreichen Investitionen bei *Speedinvest* und *3VC* weitete ich meine Aktivitäten als Investor weiter aus und engagierte mich unter anderem bei Venture-Capital- und Unternehmensberatungsfirmen im Bereich Innovation, Technologie und Start-ups – darunter insbesondere bei *Round2 Capital*. Dabei handelt es sich um einen der führenden europäischen Finanzpartner im Bereich der umsatzbasierten Finanzierung (Revenue-Based Financing) für Softwareunternehmen. Dieses innovative Finanzierungsmodell sprach mich besonders an, da es eine risikoarme Alternative zu klassischen Equity-Investitionen darstellte und Unternehmen mehr Flexibilität bot, ohne Anteile abgeben zu müssen.

Europa vs. USA

Damit war ich endgültig in der Welt des High-Risk-Investments angekommen. Zwar erfüllte es mich mit einigem Stolz, zu sehen, wie weit ich es auf diesem komplexen und dynamischen Feld in so kurzer Zeit gebracht hatte. Allerdings blieb meine Euphorie nicht gänzlich ungetrübt. Ich erkannte, dass man selbst als sogenannter Fonds-Superstar schnell verglühen konnte. Wer ein hohes finanzielles Risiko eingeht, kann eben nicht nur viel gewinnen, sondern auch sehr viel verlieren. Jederzeit. Ein einzelnes gescheitertes Projekt konnte Millionen kosten – zumal von 100 Investments im Schnitt ganze 95 baden gehen, während nur fünf Renditen bringen. Das ist Teil des VC-Geschäftsmodells, zumindest in Europa.

In den USA präsentiert sich die Welt des Venture Capital völlig anders. Dort funktioniert das Venture-Capital-Modell auf eine nachhaltige und skalierbare Weise, die in Europa schlicht undenkbar ist. Die Ursache dafür liegt in den Rahmenbedingungen begründet: Die amerikanische Wirtschaft und Gesellschaft sind auf eine Kultur des Risikos ausgelegt, was Investoren erlaubt, deutlich größere Wagnisse einzugehen. Solche Risiken sind in Europa kaum realisierbar, da die Strukturen hier anders beschaffen sind. Zudem stehen Risikokapitalgebern in

Europa zahlreiche Hindernisse im Weg, die in den USA weniger ausgeprägt sind oder gar nicht existieren. Dazu zählen etwa die sozialen Sicherungssysteme, die politische Diversität, die bürokratischen Hürden sowie die Vielfalt an Währungen und Sprachen, die den europäischen Markt stark fragmentieren. In den USA herrscht ein einheitlicher Markt mit klaren Regeln und einer einheitlichen Sprache vor.

Auch die Dynamik zwischen Kapitalgebern und Fonds unterscheidet sich in Europa und den USA grundlegend. Die Regeln des US-Playbook greifen in Europa nicht. Während in Europa Fondsmanager in guten Zeiten oft mühsam Millionenbeträge einsammeln und in schlechten Zeiten kaum einen Cent bekommen, verhält es sich in den USA genau andersherum: Dort finden sich selbst in wirtschaftlich schwierigen Phasen immer noch milliardenschwere Kapitalgeber, die bereit sind, in vielversprechende Fonds zu investieren. In Boomzeiten beläuft sich das verfügbare Kapital sogar auf teils dreistellige Milliardenbereiche.

Ein weiterer entscheidender Unterschied betrifft die Marktlogik der erfolgreichen Fonds. Während in Europa die Fondsbetreiber häufig aktiv um Kapital werben oder gar darum kämpfen müssen, ist in den USA so viel Geld im Umlauf, dass die Fonds nicht nach Investoren suchen. Vielmehr suchen dort die Investoren nach den Fonds. Diese umgekehrte Dynamik verleiht den US-Fonds eine unvergleichliche Flexibilität und Machtposition, mit denen die besten Deals geschlossen und die besten Talente gewonnen werden können.

Aus diesen Gründen habe ich mich bislang auch ausschließlich auf den europäischen Markt konzentriert. In die renommierten amerikanischen Fonds reinzukommen, ist fast unmöglich, es sei denn, man gehört bereits zum exklusiven Netzwerk der *oberen Hundert* – einer elitären Gruppe von Investoren, die das Playbook in gewisser Weise schreiben. Ohne diese Verbindungen bleibt europäischen Investoren der Zugang zu den wirklich lukrativen Fonds verschlossen.

In meinen Augen ist die Vormachtstellung der USA im Bereich des Venture Capital nicht zu brechen. Sie beruht auf den historischen Grundlagen des Bretton-Woods-Abkommens von 1944. Dieses Abkommen wurde ein Jahr vor dem Ende des Zweiten Weltkriegs von den alliierten Siegermächten geschlossen und nach dem Krieg schließlich umgesetzt. Damit legten sie den Grundstein für ein globales Finanzsystem. Im Rahmen von Bretton-Woods wurde der US-Dollar zur zentralen Ankerwährung erklärt, die an den Goldwert gekoppelt war. Gleichzeitig wurden alle anderen Währungen an den Dollar gebunden, wodurch dieser als intermediäre Einheit zwischen Gold und den übrigen Währungen fungierte. Obwohl die direkte Koppelung an Gold in den 1970er-Jahren durch die Nixon-Administration beendet wurde, blieb der Dollar die dominante Weltwährung. Bis heute steht er im Mittelpunkt des globalen Wirtschaftssystems und bildet das Fundament für sämtliche internationale Finanztransaktionen.

Diese historische Verankerung verschafft den USA einen entscheidenden strukturellen Vorteil, der durch ihre wirtschaftliche und militärische Stärke – insbesondere durch ihr nukleares Arsenal – abgesichert ist. Anders ausgedrückt: Solange die USA ihre globale Machtposition behalten, behält der Dollar seinen Status als Herzstück des weltweiten Finanzsystems. Ein Verlust dieser Position wäre erst denkbar, wenn die USA eine umfassende militärische Niederlage erleiden würden, etwa in einem hypothetischen Atomkrieg.

Europäische Gründer haben damit ihren amerikanischen Pendants gegenüber mit entscheidenden Nachteilen zu kämpfen, da europäische Fonds naturgemäß mit kleineren Summen operieren, selbst wenn sie hervorragend betreut werden. Doch gerade diese Hürden führen auch zu einer interessanten Umkehrung: Europäische Unternehmer müssen sich oft mehr anstrengen, sich mehr Mühe geben und kreativer agieren, um erfolgreich zu sein. In gewisser Weise macht sie das zu den besseren Unternehmern, weil sie unter schwierigeren Bedingungen bestehen müssen. Damit wären wir wieder bei Frank Sinatra: „If you can make it here …"

Doch diese Denkweise hat ihre Grenzen. Mein Rat an Unternehmer: Schluckt die bittere Pille und bleibt realistisch. Nur weil man in Österreich reich oder erfolgreich ist, heißt das nicht, dass man auf Augenhöhe mit großen Namen wie Bill Gates oder Elon Musk ist. Das US-Playbook funktioniert in Europa nicht eins zu eins. Für die, die über den entsprechenden Mut und die Ambition verfügen, mag es jedoch sinnvoll sein, die Fühler früher oder später in Richtung der USA auszustrecken – insbesondere, wenn man das Ziel hat, ein Global Player zu werden. Dabei gilt es jedoch, fokussiert zu bleiben und sich nicht zu verzetteln.

Das Software-Technologieunternehmen *Dynatrace* wäre so ein mustergültiger Fall. Nach der Gründung des Unternehmens im oberösterreichischen Linz im Jahr 2005 verlegten die Gründer 2011 ihren Hauptsitz nach Waltham, Massachusetts, und bauten das Business zu einem wahren Unicorn aus. Die USA wurden für *Dynatrace* aufgrund des größeren Marktes und der Nähe zu wichtigen Kunden und Partnern strategisch entscheidend. Der Schritt war ein Teil des Plans, das Unternehmen global auszurichten und sich stärker im Zentrum der globalen Technologie- und Venture-Capital-Szene zu positionieren. 2019 ging *Dynatrace* schließlich erfolgreich an die Börse. Wäre *Dynatrace* in Österreich geblieben, hätte sich dieser durchschlagende Erfolg in dieser Form wohl nie eingestellt.

Der Krypto-Hype

Meine Vorstöße in die Welt des Venture Capital führten mich letztlich auf Umwegen wieder zurück in den Bereich der digitalen Technologie – eine Welt, die ich doch glaubte, endgültig hinter mir gelassen zu haben. Dabei konnte ich eine Technologie nicht übersehen, die aus der Masse gewissermaßen herausstach wie ein bunter Hund: Krypto. Ursprünglich stieß ich darauf, als ich mich über das Potential disruptiver Tech-Start-ups für zukünftige Investments informierte. Als erste Anlaufstelle dafür dienten mir die zwei führenden österreichischen Plattformen für Wirtschaft, Start-up und Innovation: die digitalen Nachrichtenplattformen *Brutkasten* und *Trending Topics*. Beide richten sich an Unternehmer, Investoren und technikaffine Leser. Wenngleich sie bereits damals breite Bekanntheit innerhalb der unternehmerischen Szene genossen, waren sie mir vor 2017/18 noch kein Begriff. Dies zeigt nur wieder, wie lange ich der digitalen Technologie tatsächlich den Rücken gekehrt hatte.

Beim Durchstöbern dieser Plattformen fiel mir bald auf, dass ständig die Rede von Krypto war. Doch als ich Begriffe wie Bitcoin, Ethereum, Blockchain, Dezentrale Finanzen (DeFi) oder Non-Fungible Tokens (NFTs) zum ersten Mal hörte, klangen sie abstrakt und beinahe wie aus einem Science-Fiction-Roman. Ich nahm diese Krypto-Sache nicht allzu ernst. Ich konnte mir beim besten Willen nicht vorstellen, dass sich hinter diesem ganzen Krypto-Buzz etwas Substantielles verbarg. Daher hielt ich Krypto für nichts weiter als einen neuen Hype, der bald wieder abklingen würde, für den nächsten Bullshit, den keiner brauchte.

Als jemand, der Geldgeschäfte kalkuliert gegen Risiken abwog, begegnete ich dem Thema zunächst verständlicherweise mit Skepsis. Das vermeintlich Spekulative an Krypto war für mich als seriösen Risikokapitalgeber ein rotes Tuch. Das Ganze wirkte wie ein Spielplatz für Zocker und nicht wie ein Bereich, in dem nachhaltige Werte geschaffen werden konnten. Darüber hinaus erschien mir die Blockchain-Technologie aus technischer Sicht schlicht zu speziell. Zu sehr haftete ihr ein Hauch von *experts only* an. Hinzu kam ein praktisches Problem: die Geschwindigkeit. Wer, fragte ich mich, würde ernsthaft auf ein System setzen wollen, bei dem ein Banktransfer zehn Minuten dauert? Massentauglichkeit sah in meinen Augen anders aus.

Doch der Krypto-Wahn, den ich so voreilig als kurzlebigen Hype abgestempelt hatte, riss nicht ab. Ganz im Gegenteil: Er nahm mit jeder Woche noch mehr an Fahrt auf. Immer mehr Schlagzeilen, immer neue Innovationen und vor allem immer höhere Bewertungen für Kryptowährungen wie Bitcoin und Ethereum zwangen mich, meine skeptische Haltung zu überdenken. Zunächst verfolgte ich die Entwicklung dieser digitalen Währungen als Anlageform noch aus sicherer Distanz. Irgendwann allerdings begann ich im Kopf erste Szenarien zu überschlagen: Was wäre, wenn ich selbst einsteigen würde? Was für Möglichkeiten würden sich ergeben, wenn ich den Kauf und Verkauf solcher Kryptowährungen gezielt betreiben würde? Wie viel Geld würde ich dafür ausgeben?

Es dauerte nicht lange, bis sich meine anfängliche Skepsis in echtes Interesse gewandelt hatte. Ich konnte nicht ignorieren, dass sich hier etwas Großes zu entfalten schien – etwas, das potentiell die komplette Finanzwelt revolutionieren könnte. Und wie immer, wenn ich das Gefühl hatte, auf etwas gestoßen zu sein, das Neuheit und Innovation versprach, ließ mich die Sache nicht mehr los. Ich wollte genauer verstehen, was hinter dem Phänomen steckte. Was trieb die Menschen dazu, in digitale Währungen zu investieren? Welche Technologie machte das Ganze möglich? Und welche langfristigen Auswirkungen könnte dies auf Wirtschaft, Gesellschaft und nicht zuletzt auf die Welt der Investments haben?

Das Kryptoversum

Meine Neugier war spätestens ab 2018 endgültig geweckt und sie wuchs mit jeder neuen Information. Ich begann, mich regelrecht in das Thema zu verbeißen, Artikel zu verschlingen, Podcasts in Endlosschleife zu hören und Interviews mit Krypto-Experten zu analysieren. Es war, als hätte jemand eine Tür geöffnet, hinter der sich ein riesiges, unbekanntes Universum befand, das nur darauf wartete, erforscht zu werden.

Zunächst richtete ich mein Augenmerk auf die Kryptowährung Ethereum. Von Ethereum behaupteten damals viele Experten, es handle sich dabei um das *bessere* Bitcoin, vor allem wegen seiner zusätzlichen Funktionalität: Man konnte darauf programmieren. Diese Möglichkeit, sogenannte Smart Contracts (selbstausführende Verträge auf Blockchain-Basis) zu erstellen, war revolutionär und eröffnete völlig neue Anwendungsmöglichkeiten – von dezentralen Apps (DApps) bis hin zu komplexen finanziellen Transaktionen, die ohne Zwischeninstanzen auskamen. Dieser Ansatz leuchtete mir unmittelbar ein, denn Bitcoin schien mir im Kern nichts anderes zu sein als totes Kapital (oder *digitales Gold*, wie es heute so schön heißt).

Allerdings stand ich vor dem Problem, dass mein Verständnis von Ethereum und dessen Programmierbarkeit zunächst rein theoretisch blieb. Ich sah die Möglichkeiten, hatte aber keine Ahnung, wie ich sie in die Praxis umsetzen sollte. Programmieren? Smart Contracts? Solidity? Ich kannte nun zwar die Begriffe, konnte sie praktisch aber nicht anwenden. Ich fühlte mich, als würde ich vor einer verschlossenen Tür stehen, ohne zu wissen, wo ich den Schlüssel herbekommen könnte. In der mir eigenen Art, Herausforderungen direkt anzugehen, entschied ich mich schließlich, die Sache pragmatisch zu betrachten. Ich vertraute auf ein Mittel, das mir in der Vergangenheit schon oft weitergeholfen hatte: Networking.

Eines schönen Nachmittags – es muss 2018 oder 2019 gewesen sein – setzte ich mich an meinen Schreibtisch und begann, mehr oder weniger systematisch auf *LinkedIn* nach Leuten zu suchen, die sich mit Krypto beschäftigten. Meine Strategie war simpel: Ich schrieb einfach diejenigen an, deren Profile Verweise auf Blockchain oder Kryptowährungen enthielten, und bat sie, mir von ihren Erfahrungen zu berichten.

Einer meiner Adressaten war Florian Wimmer, CEO und Mitgründer von *Blockpit*. Das 2017 gegründete österreichische Unternehmen bietet eine Plattform für Steuer- und Compliance-Analysen im Bereich Kryptowährungen an und hilft Nutzern, ihre steuerlichen Verpflichtungen zu erfüllen und dabei die gesetzlichen Anforderungen einzuhalten. Florian erschien mir aufgrund seiner Expertise und seines Hintergrunds als einer der geeignetsten Kandidaten, um meinen Wissensdurst zu stillen.

Kaum hatte ich Florian kontaktiert, erhielt ich nach nur wenigen Minuten eine Antwort von ihm. Diese Unmittelbarkeit imponierte mir, da ich selbst seit meinen *Inode*-Tagen in geschäftlichen Dingen auf Agilität und schnelle Entscheidungen setzte. Kurz darauf traf ich Florian schließlich persönlich in Wien. Wir tauschten uns aus, als würden wir uns schon ewig kennen. Am Ende verbrachten wir mehrere Stunden in intensive Gespräche vertieft, die sich von den technischen Grundlagen der Blockchain bis hin zu den steuerlichen Feinheiten von Kryptowährungen erstreckten.

Florian beeindruckte mich mit seiner scheinbaren Leichtigkeit im Umgang mit komplexen Themen und seinem schier unerschöpflichen Wissen über den Krypto-Sektor. Mit seiner Fähigkeit, auch hochkomplexe Sachverhalte klar und verständlich zu erklären, zog er mich förmlich in seinen Bann. Diese Begegnung entfachte in mir ein Feuer, das ich zuletzt in den 1980ern beim Aufkommen der Computer und in den 1990ern mit dem Siegeszug des Internets gespürt hatte.

Daher wurde Florians Expertise für mich zur Initialzündung, um noch tiefer in die Welt der Kryptowährungen einzutauchen. Der Corona-Lockdown, der mit dem Krypto-Boom der Jahre 2020 und 2021 zusammenfiel, bot mir die ideale Gelegenheit, mich voll und ganz diesem neuen Feld zu widmen. Wie in meinen Teenagerjahren brachte ich die Nächte vor dem Computer zu, um die Mechanik hinter Blockchains, Wallets und Smart Contracts zu verstehen. Was mich antrieb, war das unaussprechliche Gefühl, das einen oft befällt, wenn man weiß, dass man etwas noch nicht kann, es aber eigentlich können sollte. In gewisser Weise folgte ich hiermit wieder einmal meinem Bauchgefühl, das mich in unternehmerischen Dingen selten im Stich gelassen hatte.

Der Lockdown wurde für mich zu einem wahren Krypto-Rabbit Hole. Ich verschlang Artikel, Tutorials und Whitepapers, verfolgte stundenlange Videos und experimentierte selbst an Blockchains und Wallets herum. Von der Funktionsweise eines dezentralen Netzwerks bis hin zu den komplexen Algorithmen hinter einer Wallet war alles neu, spannend und eine intellektuelle Herausforderung, die mich zur Gänze in Anspruch nahm. Als ich irgendwann auf der anderen Seite wieder in die Realität zurückkam, war mir endgültig klar: Krypto ist *big*! Es ist nicht nur ein Hype, sondern eine Technologie mit gewaltigem disruptivem Potential. Sie hat das Zeug dazu, ganze Branchen zu transformieren – und damit auch die Welt, wie wir sie kennen! An Krypto führt in der Zukunft kein Weg vorbei. Es war nicht mehr die Frage, ob es wichtig wird, sondern nur noch, wie schnell und in welchem Ausmaß.

Doch selbst während dieser intensiven Lernphase als Krypto-Enthusiast ruhte mein unternehmerischer Geist nicht. Mein Interesse an Kryptowährungen ließ sich nämlich, so erkannte ich, ideal mit meiner Tätigkeit als Investor verbinden. Daher fing ich an, strategisch in Unternehmen und Projekte zu investieren, die in diesem Bereich tätig waren. Eines meiner ersten Investments floss direkt in Florians *Blockpit*, ein wahrer Vorreiter im Bereich der Steuer- und Compliance-Lösungen. Daneben legte ich gleich einen sechsstelligen Betrag in einen renommierten Grazer Krypto-Fonds an, der bereits damals ein großes Netzwerk und tiefgreifendes Know-how im Bereich der digitalen Assets vorweisen konnte.

Sämtliche Investments erwiesen sich als echter Glücksgriff. Noch bevor der massive Krypto-Boom des Jahres 2021 einsetzte, hatte ich bereits beachtliche Renditen erzielt. Der frühe Einstieg und die konsequente Ausrichtung auf vielversprechende Projekte zahlten sich aus – nicht nur finanziell, sondern auch in Form von wertvollen Erfahrungen und profunden Einblicken in die Krypto-Industrie.

Die Transformation des Internets

Rückblickend bin ich überzeugt davon, dass Krypto mich gefunden hat und nicht umgekehrt. Diese neuartige Technologie passte damals genau in die Lebensphase, in der ich mich befand. Ein zweites *Inode* mit all dem zeitlichen und organisatorischen Aufwand, der damit einhergegangen wäre, hätte ich mir neben meiner Familie schlicht nicht vorstellen können, zumal so ein Unternehmen einen erheblichen Anteil an Hardware-Komponenten und Infrastruktur erfordert hätte. Doch mit dieser Krypto-Sache verhielt es sich anders. Das Kryptoversum beruhte fast ausschließlich auf Software und einer abstrakten Finanzlogik, ohne dass dafür physische Produkte oder komplexe Lieferketten notwendig waren.

Genau diese Niederschwelligkeit machte den Einstieg für mich so attraktiv. Alles, was man brauchte, war ein Laptop, eine stabile Internetverbindung und der Wille, sich intensiv mit neuen Konzepten auseinanderzusetzen. Aus diesem Grund konnte ich auch die Balance zwischen meinen neuen beruflichen Ambitionen und den bestehenden familiären Verpflichtungen gut wahren. Irgendwie hatte sich die Technologie an meinen Lebensstil angepasst.

Meine Beschäftigung mit Krypto bewirkte aber auch noch etwas anderes. Mein wachsendes Verständnis von digitalem Besitz wie Bitcoin oder Ethereum, der auf Blockchains und Wallets basierte, brachte mich dazu, das Internet komplett neu zu denken. Damit war meine persönliche Vision des Web 3.0 geboren – und an dieser Vision habe ich mich bis zum heutigen Tag festgebissen und versuche seither, sie salonfähig zu machen.

Doch was war passiert? Welche Entwicklungen hatte die Technologie hinter Krypto angestoßen, dass ich mich vom Pionier des Internets der Vergangenheit nunmehr zu einem Visionär des Internets der Zukunft gewandelt hatte? Wieso können wir Krypto sei Dank mittlerweile überhaupt vom Web 3.0 sprechen?

Tatsächlich ist das Internet, das wir heute benutzen nicht mehr das, in dem wir in den 1990ern *surften* (wie es damals hieß). Wie fast alles, was mit Technologie zu tun hat, machte auch das Internet eine Evolution durch – und ist im Moment wieder dabei, sich stark zu verändern.

Gestartet ist das Internet als ein absolutes *Nerdprojekt*, das nur eine kleine technikaffine Community verstand und benutzte. In den 1990er-Jahren war das Internet außerhalb des universitären Umfelds kaum bekannt, geschweige denn in breiter Anwendung. Diese frühe Form des Internets, die etwa von 1993 bis 2000 existierte, wird heute gemeinhin als Web 1.0 bezeichnet. Es war ein rein *lesbares* Web, das überwiegend aus statischen Webseiten bestand. Die Hauptfunktion war es, Informationen bereitzustellen, die Nutzer zwar konsumieren, aber nicht interaktiv bearbeiten oder erstellen konnten.

Die Jahrtausendwende läutete schließlich die zweite Generation des Internets ein: das Web 2.0. Diese Phase brachte eine Revolution in der Art und Weise mit sich, wie Menschen das Internet nutzten. Der Fokus ging nun weg von der Bereitstellung statischer Information und hin zu Interaktivität, nutzergenerierten Inhalten und sozialer Vernetzung. Nutzer wurden zu aktiven Teilnehmern, die nicht mehr nur Inhalte konsumierten, sondern diese auch entwerfen und mit anderen teilen konnten. Plattformen wie *Facebook*, *YouTube* und *Instagram* sind mustergültige Beispiele dieser neuen Ausrichtung. Die über die digitalen Aktivitäten generierten Daten lagen dabei meist auf zentralen Servern großer Technologieunternehmen (wie *Google*), was diesen Firmen eine immense Kontrolle und Marktmacht gibt. Diese Zentralisierung steigerte letztlich zwar die Benutzerfreundlichkeit, warf jedoch auch kritische Fragen zu Datenschutz und Monopolbildung auf.

Wiewohl wir uns momentan noch immer mehrheitlich im Web 2.0 aufhalten, prägte Gavin Wood, der Mitbegründer von Ethereum, 2014 den Begriff des Web 3.0, um damit das Internet der Zukunft zu bezeichnen, das auf Blockchain-Technologie, dezentralen Netzwerken und Künstlicher Intelligenz basiert. Das Web 3.0 zielt darauf ab, den Nutzern die Kontrolle über ihre Daten zurückzugeben und gleichzeitig eine transparentere und demokratischere Online-Welt zu schaffen. Momentan befinden wir uns in einer Übergangsphase hin zum Web 3.0. Trotz der typischen Volatilitäten und Herausforderungen neuer Technologien wächst die Anwendung der Blockchain-Technologie stetig – insbesondere in den Bereichen Kunst, Gaming, Finanzen und Infrastruktur, wo das Potential unübersehbar hervortritt.

Mit Web 3.0
ins dezentrale Zeitalter

Mich brachte letztlich meine Beschäftigung mit Krypto auf das Web 3.0. Dank der Krypto-Technologie wird es endlich um das ergänzt, was dem Internet bislang immer fehlte: ein Ownership-Layer, der es ermöglicht, digitalen Besitz zu definieren und zu schützen. Im bisherigen Internet ist das unmöglich. Wenn man zum Beispiel eine E-Mail verschickt, ist sie in dem Moment, in dem sie das Postfach verlässt, im freien Raum. Jeder Empfänger kann sie theoretisch kopieren, weiterleiten oder speichern – und man hat keine Kontrolle mehr darüber, obwohl man selbst ja der Urheber ist. Unternehmen sammeln und nutzen die Daten der Nutzer, um personalisierte Werbung zu schalten, Interessen zu steuern und sogar Verhalten über Algorithmen zu beeinflussen. Der einzelne User hat kaum eine Chance, sich davor zu schützen, denn die Infrastruktur des Internets ist schlicht nicht darauf ausgelegt, Eigentum und Privatsphäre zu gewährleisten.

Im bisherigen Web hat niemand wirklich Eigentum an dem, was er ins Internet stellt. Viele Nutzer sind sich dessen gar nicht bewusst, aber alles, was man hochlädt, teilt oder verschickt, gehört in der Regel nicht mehr dem Urheber selbst. Ob es sich um Fotos, E-Mails oder andere digitale Inhalte handelt – sobald diese veröffentlicht werden, können sie von anderen genutzt, kopiert, gar missbraucht werden. In vielen Fällen gehen diese Daten in den Besitz von Unternehmen über, die sie speichern, analysieren und oft weiterverkaufen, ohne dass die Nutzer davon wissen, oder gar Einfluss darauf hätten.

Mit der Blockchain-Technologie und digitalen Wallets ändert sich dieser Umstand. Blockchains und Wallets stellen in dieser Hinsicht eine komplette Revolution für das Internet dar. Sie schaffen einen digitalen Raum, in dem Eigentum tatsächlich bei demjenigen verbleibt, der es erstellt. Über eine Wallet hat der Nutzer die volle Kontrolle über seine digitalen Besitztümer. Er allein entscheidet, wer Zugriff darauf erhält und wer nicht. Jede Information – sei es eine Nachricht, ein Dokument oder sogar digitale Währungen – ist verschlüsselt und dezentral gespeichert. Einzig der Besitzer selbst hat den Schlüssel dazu (von daher der Name: Private Key). Keine zentrale Instanz kann diese Daten einsehen oder weitergeben, wenn der Besitzer es nicht eigenhändig erlaubt.

Kryptowährungen wie Bitcoin sind der ultimative Beweis dafür, dass digitales Eigentum möglich ist. Wenn man einen Bitcoin besitzt, ist er eindeutig das Eigentum des Users. Er ist nämlich durch die Blockchain gesichert. Niemand kann den Bitcoin ohne den Private Key seines Besitzers nutzen oder kopieren. Ich sage also: Warum sollte man dieses Prinzip nicht auf alle persönlichen Daten im Internet ausweiten? Stell dir vor, deine E-Mails, deine Social-Media-Posts oder sogar deine Website wären ganz klar dein Besitz. Niemand könnte sie ohne deine

Zustimmung verwenden oder verändern. Das ist die Vision des Web 3.0: Ein Internet, in dem jeder Nutzer nicht nur Teilnehmer, sondern auch Eigentümer ist. Krypto, Blockchain und Wallets bilden die Voraussetzungen, um das zu erreichen und das Internet zu einem sichereren, gerechteren und privateren Ort zu machen.

Meiner Meinung nach gibt es keinen Weg drumherum, egal wie lange es dauern wird, bis das Web 3.0 zur Gänze etabliert ist. So zentral das Web 2.0 war, so dezentral wird das Web 3.0 aufgestellt sein. Und das ist gut so. Denn das ist eine Chance für die Menschen, sich jene Wertschöpfung zurückzuholen, die sie (die wir alle) in den letzten zehn bis fünfzehn Jahren verloren haben.

Wenn ich im Web 3.0 etwa eine Website erstelle und betreibe, geschieht dies vollständig über eine Wallet und auf einer Blockchain. Das bedeutet, dass diese als mein digitales Eigentum gespeichert wird – unveränderlich und eindeutig mir zugeordnet. Im Gegensatz zum herkömmlichen Internet, wo Hosting-Dienste und zentrale Serverbetreiber die Hoheit über die Daten haben, bleibt im Web 3.0 alles unter meiner eigenen Kontrolle. Ich allein bestimme, ob und welche Daten ich auf dieser Website speichere und wem ich Zugriff darauf gewähre. Das gibt mir nicht nur eine ganz neue Form der Freiheit, sondern auch eine noch nie dagewesene Sicherheit und Transparenz.

Gehe ich hingegen als Web 3.0-Nutzer auf eine Web 3.0-Website bringe ich sozusagen mein digitales Eigentum mit. Ich kann dann den Zugriff auf mein digitales Eigentum – das heißt auf meine persönlichen Daten,

Identitäten oder sogar Assets – gewähren oder nicht. Die Blockchain-Technologie ermöglicht es mir, detailliert und im Einzelfall zu entscheiden, ob ich Zugriff auf mein digitales Eigentum geben möchte und falls ja, in welchem Umfang. Beispielsweise könnte ich nur die für einen bestimmten Dienst absolut notwendigen Informationen teilen, während alle anderen Daten verschlüsselt und sicher in meiner Wallet verbleiben. Ich bin nicht mehr gezwungen, Daten in ein zentrales System einzuspeisen, das sie speichern und möglicherweise ohne mein Wissen verwenden oder verkaufen könnte.

Ähnlich läuft das Spiel im Hinblick auf die sozialen Medien. Wenn ich auf einer Plattform im Web 3.0 einen Account anlege, gehört dieser Account tatsächlich mir – und nicht länger der Plattform, wie es im Web 2.0 noch der Fall ist. Die Kontrolle über meinen digitalen Auftritt verbleibt somit vollständig in meinen Händen. Das bedeutet, dass ich selbst entscheide, wer meine Beiträge sehen darf, wie weit sie verbreitet werden und ob ich bestimmten Nutzern den Zugriff verweigere.

Darüber hinaus bietet das Web 3.0 im Bereich der Social Media eine entscheidende Neuerung: Inhalte, die ich veröffentliche – seien es Texte, Bilder oder Videos – können von anderen nicht mehr gelöscht oder entfernt werden. Sie sind über die Blockchain-Technologie unveränderlich gespeichert und bleiben in meinem Besitz. Diese Sicherheit bedeutet nicht nur, dass meine Kreativität und Arbeit geschützt sind, sondern auch, dass ich nicht länger den willkürlichen Entscheidungen der Plattformbetreiber ausgesetzt bin, die heute oft Inhalte löschen oder zensieren können, ohne dass ich Einfluss darauf habe.

Ich muss nun auch nicht länger unter den Bedingungen einer Plattform mein Profil anlegen und verwalten. Ein zentrales Problem der gängigen Social-Media-Plattformen ist nämlich ihre hohe Take-Rate – also der Anteil, den sie von den Erlösen einbehalten, die auf ihrer Plattform generiert werden. *YouTube* beispielsweise behält 50 Prozent der Werbeeinnahmen, die Content Creator mit ihren Videos erzielen. Noch drastischer ist es bei *Facebook*: Dort behalten die Betreiber ganze 100 Prozent der Einnahmen und geben nichts direkt an die Creator weiter – eben weil die Betreiber sämtliche generierten Werte kontrollieren.

Der amerikanische Internetunternehmer und Investor Chris Dixon bezeichnet dieses Vorgehen in seinem Buch *Read Write Own: Building the Next Era of the Internet* (2024) als einen sogenannten *Attract-Extract-Cycle*. Damit bringt er die Funktionsweise traditioneller Social-Media-Plattformen gekonnt auf den Punkt: Der Zyklus beginnt mit dem gezielten Anziehen (attraction) von Nutzern durch Netzwerkeffekte. Plattformen wie *Facebook*, *Instagram* oder *YouTube* locken ihre Nutzer mit attraktiven Möglichkeiten zur Vernetzung, Kommunikation und Selbstdarstellung. Sobald genügend Nutzer auf der Plattform aktiv sind und ein funktionierendes Ökosystem geschaffen wurde, beginnt der nächste Schritt: die Ausbeutung (extraction) der Nutzer.

Dieser Prozess der Wertextraktion ist perfide, weil er auf der Arbeit und den Inhalten der Nutzer basiert. Die Plattformen bauen ihre gesamte Wertschöpfung darauf auf, dass Content Creator Inhalte erstellen, die andere Nutzer anziehen, während sie gleichzeitig alle monetären

Vorteile für sich selbst behalten. So werden die Nutzer nicht nur ihrer Inhalte, sondern auch ihrer Daten beraubt, die von den Plattformbetreibern für Werbezwecke oder andere Geschäftsmodelle genutzt werden.

Das Web 3.0 stellt diese Logik auf den Kopf. In einer dezentralen Umgebung, die auf der Blockchain-Technologie basiert, können Nutzer erstmals wirkliches digitales Eigentum an ihren Inhalten, Daten und sogar ihrer Identität besitzen. Das bedeutet, dass Plattformen die Wertschöpfung der Nutzer nicht mehr für ihre eigenen Zwecke extrahieren können. Ein Creator könnte stattdessen Inhalte direkt an seine Zielgruppe verkaufen oder durch Smart Contracts monetarisieren – und das alles ohne Vermittler, die einen großen Anteil der Einnahmen einbehalten. So entsteht eine völlig neue Art von Creator Economy, in der die Machtverhältnisse zugunsten derjenigen verschoben werden, die die eigentliche Wertschöpfung leisten.

Das Web 2.0 wird trotz der wachsenden Bedeutung des Web 3.0 nicht einfach so verschwinden. Viele der Funktionen, die wir heute kennen und nutzen, werden weiterhin bestehen bleiben. Es wird etwa nach wie vor möglich sein, ein Firmenlogo, Bilder oder andere Informationen frei zugänglich von einer Website herunterzuladen. Das Web 3.0 ergänzt diese Möglichkeiten jedoch um die Dimension des digitalen Eigentums und der Kontrolle über persönliche Daten. Es ist ein Add-on, eine Weiterentwicklung, die Menschen nutzen können, wenn sie dies wünschen, ohne dass das bestehende System vollständig ersetzt werden muss.

Für Betreiber von Websites und Plattformen im Web 3.0 ergeben sich durch dieses Modell grundlegende Veränderungen. Sie werden eine andere Art von Nutzern anziehen – nämlich solche, die besonderen Wert auf Datensicherheit, Transparenz und den Schutz ihres digitalen Eigentums legen. Diese Zielgruppe ist kritisch gegenüber zentralisierten Plattformen und bevorzugt dezentrale Ansätze, die ihnen mehr Kontrolle und Freiheit bieten. Unternehmen, die in dieser neuen Ära erfolgreich sein wollen, müssen sich darauf einstellen und ihre Dienste an die Bedürfnisse dieser bewusst agierenden Nutzer anpassen. Gleichzeitig wird es für die großen Player des Web 2.0 (wie zum Beispiel *Meta*) schwierig werden, in dieser neuen Umgebung dieselbe marktbeherrschende Position einzunehmen. Die dezentralisierte Natur des Web 3.0 steht im direkten Widerspruch zu ihrem auf zentraler Datensammlung und Kontrolle basierenden Geschäftsmodell. Eine Monopolstellung, wie wir sie aus dem Web 2.0 kennen, ist im Web 3.0 kaum mehr vorstellbar.

Letztlich wird der Erfolg des Web 3.0 auch stark von der Community abhängen, die es nutzt. Trends und Plattformen werden immer von den Vorlieben und Intentionen der Menschen gesteuert, die sich in ihnen engagieren. Wer auf die Vorzüge von digitalem Eigentum und Datenschutz setzt, wird dem Web 3.0 den Vorzug geben. Die Entwicklung wird nicht allein durch Technologien oder Unternehmen bestimmt, sondern durch die Menschen, die sie annehmen, weiterentwickeln und verbreiten. Diese Dynamik macht das Web 3.0 zu einem Konzept mit großem Potential.

Benefits der Krypto-Technologie

Für Krypto im Besonderen gilt die Macht der Blockchains. Der entscheidende Vorteil der Blockchain liegt in ihrer Fähigkeit, einen sogenannten *digitalen State* zu halten – eine Art Zustandsbeschreibung des persönlichen Vermögens, die dezentral gespeichert und kryptographisch abgesichert ist. Zur besseren Veranschaulichung könnte man den Kontostand eines Bankkontos als ein Beispiel für einen solchen State betrachten. Der Kontostand bei einer Bank ist eine digitale Information, die von der Bank zentral verwaltet wird. In der Krypto-Welt funktioniert das jedoch anders: Wenn man beispielsweise ein Bitcoin besitzt, ist dieser Besitz nicht auf einem zentralen Server gespeichert, sondern auf der Blockchain, einem dezentralen Netzwerk von Computern, das sicherstellt, dass diese Information unveränderlich bleibt. Der State, also der Bitcoin-Besitz, bleibt in diesem Netzwerk erhalten, und zwar auf eine Weise, die praktisch fälschungssicher ist.

Ein weiterer Vorteil der Blockchain-Technologie ergibt sich aus der Unabhängigkeit von Drittparteien. Während Banken oder andere Institutionen theoretisch den Zugriff auf ein Konto verwehren oder ein Konto sogar schließen können, ist das bei einer Blockchain nicht ohne weiteres möglich. Individuelle digitale Assets, wie etwa Bitcoin, gehören einzig und allein dem Besitzer. Der Zugriff darauf erfolgt direkt über dessen Wallet, die nur er allein kontrolliert. Solange ein Nutzer seine Wallet sicher verwaltet, kann ihm niemand den Zugriff auf sein Vermögen verweigern oder es ihm wegnehmen. Die Blockchain ist somit nicht nur ein Speicherort für Werte, sondern auch ein Symbol für digitalen Besitz und Selbstbestimmung. Jemandes Vermögenswerte bleiben dadurch dauerhaft sicher und stabil: Wer heute einen Bitcoin kauft, wird dieselbe Einheit selbst in 1.000 Jahren immer noch mit demselben Wert auf der Blockchain vorfinden, unabhängig davon, was mit einzelnen Institutionen oder Regierungen passiert.

Was den digitalen State auf einer Blockchain ergänzt, sind die Smart Contracts. Sie ermöglichen es Nutzern, noch viel mehr als nur digitale Werte zu speichern. Man kann mit ihnen ganze Programme schreiben und Transaktionen automatisch ausführen lassen. Damit stellt man den gesamten bürokratischen Aufwand rund um intermediäre Institutionen wie Banken einfach auf den Kopf. Denn was machen Banken eigentlich? Sie nehmen dein Geld, verwalten es und investieren es im besten Fall für dich, nachdem du bei ihnen angerufen, dich mit ihnen ausgetauscht und Verträge unterschrieben hast. Smart Contracts übernehmen exakt dieselbe Funktion, aber ohne die Notwendigkeit einer Bank als Vermittler. Sie bieten eine direkte, vertrauenswürdige Abwicklung, vollautomatisiert und transparent. Diese Technologie ist die Antwort auf das traditionelle Finanzsystem. Geld wird somit flexibel programmierbar – ein großartiges Konzept!

Programmable money! Das ist einer der besten Slogans, den ich jemals gehört habe.

So gut die Sache klingt, so sehr wird die Börse sie bekämpfen. Den klassischen Börsen – sei es in Frankfurt, in London oder in New York – geht es dabei nämlich an den Kragen, wenn dank der Blockchain-Technologie auch das Fundraising radikal demokratisiert wird. Börsen stellen für viele Start-ups und Projekte oft ein fast unüberwindbares Hindernis dar. Sie erfordern hohe regulatorische Hürden, umfangreiche Dokumentation und einen enormen finanziellen und logistischen Aufwand, der in der Regel nur großen Unternehmen oder einem privilegierten Kreis zugänglich ist. Genau hier erweist sich die Blockchain als disruptiv:

Im Web 3.0 kann sich jeder in nur wenigen Schritten ohne den Segen zentraler Institutionen finanzieren. Projekte können Tokens ausgeben und abseits jeglicher geographischen oder bürokratischen Barrieren direkt an ihre Unterstützer verkaufen. Das öffnet Investoren aus der ganzen Welt die Tür, unabhängig davon, ob sie in Afrika, Asien, Australien oder anderswo sitzen. Mit nur 100 Dollar können sie an Projekten teilnehmen, die früher nur einem kleinen Kreis von Insidern vorbehalten waren. Natürlich bedeutet das auch, dass man wissen muss, was man tut; die Verantwortung liegt somit beim Einzelnen. Aber für viele Menschen, die bisher keinen Zugang zu solchen Investitionsmöglichkeiten hatten, ist das eine gewaltige Veränderung.

Ein weiterer Vorteil liegt in den Netzwerkeffekten, die durch die globale Reichweite entstehen. Im traditionellen Finanzsystem sind Unternehmer oft auf lokale Investoren angewiesen. Ein Start-up in Wien müsste in erster Linie Geldgeber in Wien oder Österreich finden. Im Web 3.0 hingegen lässt sich ein breites Publikum ansprechen, indem man weltweit zur Investition ausschreiben kann. Selbst wenn dann nur ein Promille dieses Publikums Interesse zeigt, könnten dies theoretisch Tausende von Investoren sein, die zusammen eine erhebliche Summe bereitstellen. Keine Bank der Welt bietet eine vergleichbare Reichweite oder Geschwindigkeit, um Kapital zu mobilisieren.

Das Web 3.0 wird daher nicht ohne Gegenwind bleiben, insbesondere von Seiten traditioneller Institutionen wie Börsen oder Banken, die durch diese Entwicklung an Relevanz zu verlieren drohen. Die Blockchain-Technologie stellt ihre bisherige Monopolstellung in Frage. Allerdings dürfen wir über der Euphorie des enormen Potentials nicht vergessen, dass das Web 3.0 auch noch zwei große Baustellen hat, die derzeit einem schnellen Zuwachs an Usern noch im Weg stehen. Das ist einerseits die Usability, andererseits die Skalierbarkeit.

Hürden und Heraus-forderungen

Um die breite Masse anzusprechen, muss man zunächst einmal das Problem der Usability in den Griff bekommen. Die Nutzung einer Wallet (der Schlüssel zum eigenen digitalen Eigentum) ist noch immer zu kompliziert und techniklastig. Um wirklich durchstarten zu können, muss der Umgang mit einer Wallet so einfach und selbstverständlich werden wie die Nutzung eines Smartphones oder eines Computers. Der User darf nicht mit der Komplexität der Blockchain-Technologie konfrontiert werden, sondern sollte ein System vorfinden, das alle technischen Hürden für ihn abstrahiert.

Ein weiterer Knackpunkt rund um die Usability betrifft die Sicherheit. Ironischerweise wird das Web 3.0 zwar als besonders sicher und datensouverän beworben, doch in der Praxis zeigt sich, dass gerade diese Sicherheit für viele zur Herausforderung wird. Im Zentrum dieses Problems steht der Private Key, der als einziger Zugang zur Wallet dient. Wer diesen verliert oder weitergibt, verliert unwiderruflich auch den Zugriff auf sein digitales Eigentum. Leider ist das Internet voll von Scammern, die mit immer raffinierteren Tricks versuchen, die Menschen um ihren Private Key zu bringen. Social-Engineering-Angriffe, die das Vertrauen der Nutzer missbrauchen, gelten dabei als besonders gefährlich, weil sie oft subtil und schwer erkennbar sind. Viele, die zum Opfer solcher Angriffe werden, lassen sich dadurch für immer von der Idee des Web 3.0 abschrecken. Diese Erfahrungen schaden dem Ruf der gesamten Technologie und verhindern, dass neue Nutzer dazukommen.

Was die Skalierbarkeit anbelangt, handelt es sich um ein fundamentales Problem. Es bezieht sich nämlich auf die technische Basis, auf der das gesamte System läuft. Bitcoin und Ethereum, die beiden prominentesten Blockchain-Protokolle, sind in der Vergangenheit bereits beide in erhebliche Skalierungsnot geraten. Im Fall von Bitcoin hat sich die Situation dadurch entspannt, dass es heute überwiegend als *digitales Gold* betrachtet wird. Hierbei geht es nicht mehr um eine hohe Anzahl von Transaktionen pro Sekunde, sondern um Wertaufbewahrung und um die Sicherheit des Netzwerks. Bitcoin muss also gar nicht mehr skalieren. Es hat seinen Platz gefunden, und sein Wert wird durch die Knappheit und das Vertrauen der Nutzer nach oben skaliert, nicht durch die technische Effizienz.

Anders jedoch verhält sich die Sache mit Ethereum. Immerhin hegt Ethereum den Anspruch, mehr als eine reine Währung zu sein: die Heimat von Smart Contracts, DApps und NFTs. Diese Vielzahl von Anwendungen brachte die Blockchain aber an ihre technischen Grenzen. Die Folge: Überlastungen des Netzwerks und extrem hohe Transaktionsgebühren (sogenannte *Gas Fees*). Zu Spitzenzeiten kostete eine einfache Transaktion auf Ethereum mehr als 100 Dollar. Das schreckt natürlich ab, denn wer zeigt sich schon bereit, solche Beträge für die Abwicklung kleinerer Transaktionen zu zahlen? Damit wird Ethereum für den Massenmarkt unattraktiv.

Um die Akzeptanz und das Wachstum des Web 3.0 voranzutreiben, braucht es also langfristige Lösungen. Sowohl im Hinblick auf die Usability als auch auf die Skalierbarkeit sind die Programmierer aber auf einem guten Weg, auch wenn der ganze Prozess sicher noch mindestens zehn Jahre dauern wird. Das Web 3.0 steckt gewissermaßen noch in den Kinderschuhen. Vielversprechende Ansätze gibt es aber bereits im Hinblick auf die Skalierbarkeit, wie zum Beispiel Layer-2-Lösungen, die als zusätzliche Schichten auf bestehende Blockchains aufgesetzt werden, um die Datenlast zu verringern. Es braucht schlicht mehr Blockchains, die schneller und besser miteinander zusammenarbeiten.

Auch die Umstellung von Ethereum auf Proof-of-Stake mit der Einführung von Ethereum 2.0 ist ein großer Schritt in die richtige Richtung. Zudem gibt es mit Blick auf die Usability auch schon Ersatzsysteme, bei denen die Wallets durch Fingerprints oder Iris-Scan zusätzlich und simpel gesichert sind. Denkbar wären ebenfalls mehrstufige Sicherheitsmechanismen, bei denen der Private Key nicht nur auf eine Person allein beschränkt ist oder durch Wiederherstellungsoptionen ergänzt wird. Ebenso wichtig ist die Schaffung von Bildungsangeboten, die Nutzer über die Risiken und den richtigen Umgang mit Wallets aufklären.

Was dem Web 3.0 jenseits sämtlicher technischer Fortschritte noch fehlt, ist die Präsenz eines unverkennbaren Gesichts hinter der Technologie – einer charismatischen, unternehmerischen Führungsfigur, die das Konzept einer breiten Öffentlichkeit nahebringen und verkörpern kann. Die Technologie hinter Web 3.0 ist unbestreitbar revolutionär, ihr demokratisierender Ansatz spiegelt sich aber auch nicht unbedingt zum Vorteil des Produkts in der Außenwahrnehmung wider. Bei den Gründern handelte es sich ursprünglich um amerikanische Studenten, die sich vor rund zehn Jahren zusammengefunden hatten, um die ersten Blockchains zu programmieren. Ein gutes Beispiel innerhalb des Web 3.0-Universums ist das *Cosmos-Projekt*. *Cosmos* begann als visionäre Idee, getragen von einer Gruppe technischer Experten, die 2016/17 ein Fundraising starteten. Das Besondere daran: Das Team nutzte das eingesammelte Kapital nicht für kurzfristige Gewinne, sondern investierte es strategisch in eine Schweizer Stiftung, die sogenannte *Interchain Foundation*. Diese Entscheidung war von weitsichtigem Denken geprägt und zeigt, wie ernsthaft und nachhaltig das Projekt von Anfang an angelegt war.

Heute, mit den enorm gestiegenen Preisen von Kryptowährungen, verfügt die *Interchain Foundation* über ein Vermögen, das auf 300 bis 400 Millionen Dollar geschätzt wird. Diese Mittel werden gezielt dafür eingesetzt, um Entwickler weltweit zu unterstützen und Innovationen im *Cosmos*-Ökosystem voranzutreiben. Jedes Jahr kommen die klügsten Köpfe aus der Community etwa auf der Cosmos Conference zusammen, um Ideen auszutauschen, und an gemeinsamen Projekten zu arbeiten. Es ist ein demokratisches, dezentrales System, in dem der Fokus auf Exzellenz liegt – jeder trägt durch sein Können zur Weiterentwicklung bei.

Die technische Expertise und solide finanzielle Infrastruktur allein genügt jedoch nicht. Die Entwickler und Programmierer hinter dem Web 3.0 gehören zweifellos zu den Besten ihrer Zunft, aber sie agieren meist nur im Hintergrund. Jede Technologie benötigt für ihren globalen Durchbruch eine unternehmerische Leitfigur, die Vision und Strategie greifbar macht. In der Vergangenheit haben Persönlichkeiten wie Steve Jobs, Elon Musk oder Mark Zuckerberg ganze Technologien mit ihrer Präsenz geprägt und so Millionen Menschen inspiriert. Diese Art von charismatischem Leadership könnte auch dem Web 3.0 helfen, über die bestehende technologische Community hinaus ein breites Publikum zu erreichen.

Die Zukunft des Investments in der Blockchain-Ära

Ein Unternehmen, das es sich unter anderem auf die Fahnen geheftet hat, die Probleme des Web 3.0 zu lösen und den digitalen Fortschritt voranzutreiben, ist das von mir geführte *Tigris Web3*. Ursprünglich gründete ich *Tigris* unmittelbar nach dem Exit 2006. Alles begann damit, dass ich nach dem erfolgreichen Verkauf von *Inode* vor der Frage stand, wie ich die Erlöse sinnvoll und strategisch nutzen könnte. Das Geld floss dann zunächst in eine Privatstiftung – eine gängige, aber in der Handhabung komplizierte Konstruktion, die vor allem aus steuerlichen Gründen Sinn machte. Mir wurde allerdings schnell klar, dass ich etwas Operatives brauchte, ein Vehikel, das flexibler und direkter arbeiten konnte.

Also saß ich eines Tages mit Michael, der sich mit demselben Problem herumschlug, beim Steuerberater. Gemeinsam kamen wir zu dem Schluss, dass wir jeweils eine GmbH gründen mussten, um die steuerlichen Vorteile bestmöglich auszuschöpfen. Bei der Namensfindung entschieden wir uns spontan für Euphrat und Tigris, die beiden großen Flüssen Mesopotamiens, die seit jeher für Fruchtbarkeit, Wachstum und Handel stehen.

Tigris fungiert seither als das zentrale operative Vehikel meiner Geschäfte. Es handelt sich dabei um meine Vermögensverwaltungs-GmbH und bildet die Basis für sämtliche meiner unternehmerischen Aktivitäten. Die Struktur umfasst verschiedene Sparten, mit denen ich langfristig Werte schaffen möchte. Einer der Schwerpunkte liegt in der Immobiliensparte, die für Stabilität und Sicherheit sorgt. Der andere, deutlich dynamischere Bereich ist der *Tigris Web*-Fonds, den ich 2021 ins Leben rief.

Mit meinen ersten Schritten mit *Tigris* in den Jahren 2006 und 2007 blieb ich noch sehr traditionell verhaftet. Ich begann zunächst, mein Kapital konservativ in Aktien bei Privatbanken anzulegen. Zu diesem Zeitpunkt hatte ich noch recht wenig Erfahrung mit anderen Asset-Klassen und blieb daher naturgemäß etwas vorsichtiger. Auf Empfehlung meines Anwalts eröffnete ich ein Depot bei der Privatbank *Gutmann* in Wien und tätigte dort meine ersten Investitionen. Diese Phase gestaltete sich jedoch als eher ruhig und unspektakulär. Ich war mit den Erträgen aus den Zinsen zufrieden, aber irgendwie fehlte mir der gewisse Reiz. Als der tatkräftige Unternehmer, als den ich mich immer betrachtet hatte, genügte es mir nicht, nur von den Zinsen zu leben (obwohl man grundsätzlich sogar nach Abzug der Kapitalertragssteuer komfortabel davon leben könnte). Daher stellte sich mir bald die Frage, was ich mit meinem Geld anfangen wollte. Bloß Zinsen zu generieren und darauf zu warten, dass die Zahlen weiter steigen, war für meinen regen Geist wenig befriedigend.

Ich brauchte also etwas mit mehr Herausforderung; etwas, das meine Energie und meinen kreativen

Antrieb forderte. Und da ich außer dem Reisen damals kein wirklich zeitintensives Hobby pflegte, geschah es eben, dass ich gemeinsam mit Michael das Feld der Immobilieninvestments betrat (zuerst in Wien, danach in Berlin). 2017 folgten dann meine ersten Investments in Ventures. Im Zuge meiner Erfahrungen und Erfolge mit Krypto startete ich im März 2022 mit *Tigris Web3* schließlich den ersten registrierten alternativen Investment-Fonds (AIF) für digitale Assets. Mit diesem Krypto-Fonds war eine größere Vision geboren.

Ich schuf damit eine Möglichkeit, gezielt in die Zukunft der digitalen Technologie zu investieren. Mit diesem Fonds pumpe ich seither Kapital in Projekte und Technologien, die das Web 3.0 vorantreiben. Denn für mich liegt es auf der Hand, dass die nächste Generation der globalen Technologieplayer aus dem Web 3.0-Bereich kommen wird. Unternehmen wie *Amazon*, *Google* und *Microsoft* schrieben ihre Erfolgsgeschichten in der Frühphase des Internets. Nun allerdings, mit der Revolution des Web 3.0, stehen wir an einem Wendepunkt. Die digitalen Giganten der Zukunft werden Web 3.0-Player sein.

Zunächst suchte ich für meinen Krypto-Fonds einen Fondsmanager, der das Management übernehmen sollte. Nach einigen Gesprächen fand ich in einer Wiener Venture-Capital-Gesellschaft den passenden Partner. Sie sollte den Fonds verwalten und etwaigen Anlegern, die mindestens 100.000 Euro an Kapital mitbrachten, die Möglichkeit bieten, in vielversprechende Projekte aus den Bereichen DeFi und Web 3.0 zu investieren. Die Voraussetzungen für das Fundraising waren dabei denkbar günstig: In den Jahren 2021 bis 2023 generierten viele

Anleger Unmengen an Kapital aus anderen Investitionen und waren daher ständig liquide. Das half uns, das nötige Kapital schnell zu akquirieren. Das Fundraising lief bei steigender Nachfrage gut.

Unglücklicherweise stellte sich mit der Zeit jedoch heraus, dass die Zusammenarbeit mit dem externen Fondsmanager nicht so reibungslos funktionierte, wie ich erhofft hatte. Unsere Persönlichkeiten, Herangehensweisen und Ziele passten einfach nicht zusammen. So kam es, dass ich bereits 2024 meinen Fondsmanager kündigte. Wir trafen eine rechtliche Vereinbarung, dass der jetzt ehemalige Manager den Fonds von mir abkaufte. Damit stand ich zwar wieder ohne Fonds da, war aber mit mir im Reinen.

Was ich aus dieser Erfahrung gelernt habe? Der Fonds war grundsätzlich eine gute Idee, er scheiterte letztlich aber aus organisatorischen und persönlichen Gründen. Diese Einsicht war für mich ein wertvolles Learning. Anstatt mich also davon entmutigen zu lassen, entschloss ich mich, einen neuen Versuch zu starten.

Tigris Web3

2024 gründete ich daher den *Tigris Web3*-Fonds, diesmal aber ohne externen Fondsmanager. Der Fondsmanager bin nun ich selbst – zusammen mit meinem Partner in Crime, dem Investmentspezialisten David Teufel. Gemeinsam fungieren wir als Cornerstone-Investoren und steckten insgesamt bereits 850.000 Euro aus eigener Tasche in den Fonds. Diese Entscheidung gab uns nicht nur die nötige Kontrolle, sondern auch die Freiheit, den Fonds genau so zu gestalten, wie wir es uns vorstellten. Seit Oktober 2024 ist er offiziell bei der Finanzmarktaufsicht registriert und wird von dieser reguliert, was ihm zusätzliche Glaubwürdigkeit und Vertrauen bei den Anlegern verschafft. Im Moment befinden wir uns mitten im Fundraising-Prozess für den neuen Fonds, dessen erstes Ziel es ist, zehn Millionen Euro an Kapital zu sammeln. Wir sind zuversichtlich, dass wir dieses hochgesteckte Ziel auch erreichen werden, und freuen uns auf die nächste Phase. Der Weg, den wir damit eingeschlagen haben, fühlt sich richtig an – und ich bin gespannt, zu sehen, was dieser Fonds im Bereich des Web 3.0 alles möglich machen wird.

Von diesem ersten großen Ziel abgesehen, verfolgen wir aber auch insgesamt relativ ambitionierte Ziele mit dem *Tigris Web3*-Fonds. Wir wollen Erträge erzielen, die über den klassischen Venture-Capital-Fonds hinausgehen. Das bedeutet, dass wir nicht nur nach den üblichen Benchmarks im traditionellen VC-Bereich streben, sondern auch in der Welt der Kryptowährungen und digitalen Assets neue Maßstäbe setzen wollen. Dazu orientieren wir uns einerseits an den klassischen Benchmarks für Venture-Capital-Investitionen, die einen guten Anhaltspunkt für die Renditeerwartungen bieten. Andererseits erweitern wir unsere Perspektive und richten unseren Fokus zusätzlich auf die Performance von Bitcoin sowie den BCI25-Index von *Bitpanda*.

Der BCI25-Index ist ein besonders interessantes Maß, weil er die 25 größten Kryptowährungen abbildet, die nach Marktkapitalisierung und Liquidität sortiert sind. Dieser Index liefert uns einen klaren Überblick über die führenden Kryptowährungen, die ein enormes Potential und eine hohe Marktliquidität aufweisen – zwei entscheidende Faktoren, die bei Investitionen im Web 3.0-Sektor unbedingt berücksichtigt werden müssen. Durch die Kombination dieser beiden Ansätze, also sowohl traditioneller VC-Maßstäbe als auch der Performance von Bitcoin und des BCI25-Index, zielen wir darauf, unseren Anlegern einen überdurchschnittlichen Ertrag zu bieten, der Sicherheit und signifikantes Wachstumspotential vereint. Wir sind überzeugt, dass diese Strategie uns in der dynamischen und sich schnell entwickelnden Welt des Web 3.0 einen entscheidenden Wettbewerbsvorteil verschafft.

Mit den rein nominellen Zielen verbindet sich auch ein persönlicher und gesellschaftlicher Zweck des *Tigris*

Web3-Fonds. Erstens einmal möchte ich einfach nur Spaß daran haben, mich intensiv mit der Krypto-Welt zu beschäftigen. Ich kann mir gut vorstellen, dass der Fonds meine nächsten zehn Lebensjahre füllen wird, weil sich das digitale Feld derartig rasant weiterentwickelt. Dies gibt mir wiederum die Möglichkeit, mich ständig weiterzubilden und neue Chancen zu ergreifen, während ich gleichzeitig als Unternehmer meine Hands-on-Mentalität ausleben kann.

Zweitens möchte ich aktiv an der Lösung der großen Herausforderungen der Krypto-Welt mitarbeiten. Mein Fonds soll nicht nur ein Vehikel für Kapitalbeschaffung sein, sondern auch einen Beitrag dazu leisten, die genannten Probleme rund um die Usability und Skalierbarkeit des Web 3.0 Schritt für Schritt zu lösen. Daher investieren wir auch gezielt in Projekte, die sich der Weiterentwicklung der Technologie und Infrastruktur widmen, um das dezentrale Internet und die dezentrale Finanzwelt zu etablieren. Als Dienstleister für unsere Investoren sorgen wir gleichzeitig dafür, dass diese immer auf dem neuesten Stand sind und keine Entwicklungen verpassen. Diese zeitintensive Beschäftigung, die die meisten Investoren aufgrund ihres eigenen Geschäftsalltags nicht leisten können, übernehmen wir mit Freude und Interesse. Mit unserem Know-how und unserer Erfahrung präsentieren wir unseren Investoren somit einen echten Mehrwert und begleiten sie bei ihrem Einstieg in die Krypto-Welt.

Drittens liegt es mir besonders am Herzen, aktiv zur Aufklärung rund um das Thema Krypto beizutragen und den Fortschritt in dieser noch jungen Branche zu fördern. Wenn man die Entwicklungen der Krypto-Welt mit den Anfängen des Internets in den 1990er-Jahren oder

der frühen Computertechnologie in den 1980er-Jahren vergleicht, wird sofort deutlich, wie weit wir noch von einer breiten Akzeptanz und Nutzerfreundlichkeit entfernt sind. Wir stehen erst am Beginn eines langen Weges, der vor Entdeckungen, Innovationen und Herausforderungen geradezu strotzt. Ich sehe hier unglaublich viel Potential, das nur darauf wartet, freigesetzt zu werden.

Dabei befinde ich mich einmal mehr in der glücklichen Situation, als Unternehmer und Innovator früh mit von der Partie zu sein – wie dereinst schon bei den ersten Computern oder dem aufkommenden Internet. Dieses Gefühl, an etwas zu arbeiten, das in Zukunft von enormer Bedeutung sein wird, inspiriert mich jeden Tag. Es erinnert mich an das berühmte Zitat von Steve Jobs:

„You can't connect the dots looking forward; you can only connect them looking backwards."

Wenn ich auf die technologischen Entwicklungen in der Vergangenheit zurückblicke, erkenne ich, wie sich einzelne Puzzleteile im Nachhinein ineinanderfügen und zu etwas Großem werden. Nach diesem Mindset lebe ich. Denn ich bin davon überzeugt, dass sich auch die heutigen *Dots* der Krypto- und Web 3.0-Welt irgendwann verbinden werden, und dass ich einen wesentlichen Teil dazu beitrage, diesen Zusammenhang zu schaffen. An einem solchen bahnbrechenden Prozess mitzuwirken, an einer Zukunft zu arbeiten, die heute noch niemand ganz begreifen kann, ist nicht nur ein fantastisches Gefühl, sondern auch ein großartiges Privileg.

RÜCKBLICK MIT WEITBLICK

Ein Geleitwort für
die Visionäre der Zukunft

Heute kann ich mit voller Überzeugung sagen, dass ich im Leben angekommen bin. Weder gibt es irgendwelche offenen Baustellen, die mich nachts wachhalten, noch habe ich das Gefühl, etwas Wesentliches versäumt zu haben. Die Entscheidungen, die ich getroffen habe, die Ziele, die ich erreicht habe, und auch die Fehler, die ich dabei gemacht habe – all das hat mich genau an diesen Punkt gebracht, an dem ich jetzt stehe. Ich bin ausgefüllt, blicke ohne Reue auf mein bisheriges Leben zurück und fühle mich als Familienvater, Gatte und Unternehmer vollkommen zufrieden.

Nach Jahren intensiver Phasen des Aufbaus und der Arbeit, in denen 80- bis 100-Stunden-Wochen eher die Regel als die Ausnahme darstellten (wie damals bei *Inode*), hat sich mittlerweile eine Work-Life-Balance eingestellt, die mich genauso produktiv wie entspannt macht. Ich bin zwar immer noch ehrgeizig, und es macht mir Spaß, meine Ziele konsequent zu verfolgen, aber ich tue das jetzt mit einer anderen Perspektive. Die Prioritäten haben sich verschoben. Während ich früher fast ausschließlich für den Erfolg arbeitete, ist es mir nun auch wichtig, dass dieser Erfolg zu einem erfüllten und bewussten Leben beiträgt. Es ist ein Zustand, den ich mir hart erarbeitet habe. Daher weiß ich ihn wohl umso mehr zu schätzen.

Diesen einen aufrichtigen Wunsch hege ich im Übrigen auch für jeden, der dieses Buch liest: dass er irgendwann dort ankommt, wo er einst im Fahrtwind des Idealismus hinzusegeln gedachte, und dass er die Dinge verfolgt, die ihm am Herzen liegen. Denn der größte Fehler, den man im Leben machen kann, ist nicht, zu scheitern, sondern es gar nicht erst versucht zu haben. Ein Versuch mag mutig, riskant oder sogar töricht erscheinen, und ja, manchmal inkludiert er auch Rückschläge und Enttäuschungen. Aber der Wert eines Versuchs liegt doch immer darin, dass er uns wachsen lässt, uns neue Perspektiven eröffnet und unser volles Potential ans Licht bringt. Scheitern ist kein Versagen – es ist ein Schritt auf dem Weg nach vorne. Die wahre Verschwendung ist es, Chancen nicht zu ergreifen, nie herauszufinden, wozu man fähig gewesen wäre, und mit der Frage „Was wäre gewesen, wenn?" zu leben.

Es ist ein großer Verlust, wenn man aus Angst vor dem Unbekannten seine Lebenszeit und sein Potential brachliegen lässt. Wer nichts wagt, wird nichts gewinnen. Aber wer mutig zur Tat schreitet, der gewinnt immer – und sei es nur die Gewissheit, dass er es versucht hat. Am Ende sind es schließlich genau diese Momente, die unser Leben prägen und uns zu der Person machen, die wir sein wollen.

In diesem Sinne möchte ich auf den letzten Seiten dieses Buches alle Unternehmer und diejenigen, die es noch werden wollen, dazu einladen, ihre eigene Reise mit Mut und Klarheit anzutreten. Mein Ziel ist es, euch dafür das notwendige Rüstzeug an die Hand zu geben, um eure Träume nicht nur zu träumen, sondern sie zu verwirklichen. Was folgt, ist mehr als nur eine Sammlung von Ratschlägen. Es ist mein persönliches Vermächtnis, ein Mentorship aus erster Hand, das auf jenen Prinzipien basiert, die mir selbst in den letzten drei Jahrzehnten den Weg zum Erfolg geebnet haben. Dabei stellen diese Schlüsselerkenntnisse nicht nur theoretische Weisheiten dar. Vielmehr sind sie praktische Lektionen, die ich auf meinem Flug durch die Höhen und Tiefen des Geschäftslebens gelernt habe. Ich widme sie all jenen, die vor harter Arbeit nicht zurückschrecken und eine Vision verfolgen, die größer ist als sie selbst.

Es soll hier nicht um Abkürzungen oder Geheimrezepte gehen. Es geht darum, das Fundament für ein erfolgreiches Unternehmertum zu legen, indem man sich klar darüber wird, was einem Erfolg wirklich bedeutet: in finanzieller, persönlicher, gesellschaftlicher und ethischer Hinsicht. Darüber hinaus teile ich diese Prinzipien nicht nur, weil sie für mich funktioniert haben, sondern weil ich daran glaube, dass sie universell anwendbar sind und jeden nach vorn katapultieren, der die nötige Disziplin und Ausdauer mitbringt.

Such dir Vorbilder

Während meiner Zeit als Venture-Capital-Investor hatte ich das große Privileg, zahlreiche außergewöhnliche Unternehmer in meinem unmittelbaren Umfeld kennenzulernen, die mich sowohl inspirierten als auch zutiefst prägten. Jeder erfolgreiche Gründer hinterlässt Spuren – sei es durch seine Herangehensweise, seine Energie oder die Ergebnisse, die er erzielt. Ich bin davon überzeugt, dass jeder Mensch Vorbilder braucht, insbesondere solche, die in ihrem Bereich erfolgreich und – neben archetypischen Figuren wie Elon Musk oder Steve Jobs – unmittelbar greifbar sind. Denn solche Vorbilder bieten wertvolle Learnings, die uns helfen, an uns und unseren Herausforderungen zu wachsen.

Heutzutage gibt es keine Ausrede mehr für Gründer in Österreich, sich nicht intensiv mit den Erfolgen und Strategien der Besten ihrer Zunft auseinanderzusetzen. Erfolgreiche Unternehmer wie Florian Gschwandtner, der 2009 *Runtastic* gründete, oder die Köpfe hinter *Bitpanda*, einem der führenden europäischen Krypto-Unternehmen, das 2014 ins Leben gerufen wurde, sind Paradebeispiele dafür, was mit einer klaren Vision und unermüdlichem Einsatz erreicht werden kann. Wie bei vielen Unternehmern mag das Glück auch bei ihnen eine große Rolle gespielt haben, doch entscheidend war, dass sie das Glück durch ihre Hartnäckigkeit und Disziplin in gewisser Weise *erzwungen* haben. Glück ist eben, wenn Vorbereitung auf Gelegenheit trifft, wie es so schön heißt. Ihr Erfolg basiert nicht auf Zufällen, sondern auf harter Arbeit, strategischem Denken und dem Mut, Risiken einzugehen.

Eine Persönlichkeit, die im österreichischen Gründer- und Investorenkreis nahezu legendär ist und auf mich einen nachhaltig starken Eindruck hinterließ, ist Hansi Hansmann. Er gilt als der erfolgreichste Business Angel Österreichs und ist für mich eine echte Ikone. Sich Hansi als Vorbild zu nehmen, wirkt fast schon prätentiös, weil seine Fähigkeiten im Unternehmertum ausgesprochen außergewöhnlich sind. Hansi verfügt über ein unvergleichliches Gespür für Menschen, Märkte und Chancen. Es scheint, als würde alles, was er anfasst, zu Gold werden. Diese Fähigkeit ist nicht allein auf seine Erfahrung zurückzuführen, sondern auch auf eine natürliche Begabung, die nur wenige besitzen. Seine Erfolge sind so beeindruckend, wie seine Strahlkraft inspirierend ist. Sein Beispiel führte mir vor Augen, wie viel möglich ist, wenn Talent, Wissen und Leidenschaft zusammentreffen.

Von Hansi abgesehen imponierten mir vor allem solche Menschen, die eine derartige Strahlkraft besitzen, dass sie den Raum förmlich zur Gänze einnehmen. Diesen Menschen ist eine Art Präsenz zu eigen, die sich nur schwer in Worte fassen lässt – eine Mischung aus unerschütterlichem Selbstbewusstsein, klarer Vision und einer natürlichen Autorität, die jeden sofort in ihren Bann zieht. Niki Lauda war einer dieser Menschen. Ich traf ihn einmal am Private Aviation Terminal in Schwechat, einem Ort, an dem die Privatjets parken. Als er mir vorgestellt wurde, spürte ich sofort die Intensität seines Charakters. Schon der erste Eindruck war überwältigend. Seine Ausstrahlung durchdrang mich beinahe. Lauda hatte diese außergewöhnliche Fähigkeit, Menschen sofort zu fesseln und ihre Aufmerksamkeit zu gewinnen. Diese Präsenz war so markant, dass sie sich tief in mein Gedächtnis brannte. So wurde Lauda für mich zu einem wahren Vorbild in Bezug auf Entschlossenheit und Fokus.

Ein weiteres beeindruckendes Vorzeigebeispiel eines Unternehmers stellt für mich Hans Peter Haselsteiner dar, den ich vor ein paar Jahren während einer Episode von *2 Minuten, 2 Millionen* (des österreichischen Ablegers von *Shark Tank*) traf, wo Haselsteiner von 2013 bis 2024 als Investor fungierte. Ich war damals nur als Zuschauer hinter den Kulissen dabei. Haselsteines Präsenz beeindruckte mich, obwohl ich ja gar nicht zum Pitchen gekommen und selbst auch kein unbeschriebenes Blatt war – weder als Investor noch als Unternehmer. Bei Menschen wie ihm merkt man sofort, dass er es gewohnt ist, so gut wie täglich unter großem Druck weitreichende Entscheidungen zu treffen und Verantwortung zu tragen. Es lässt sich gar nicht beschreiben, wie er mit einem einzigen Blick oder einer knappen Bemerkung eine Atmosphäre von Klarheit und Entschiedenheit erzeugen kann, gerade so, als hätte er mal eben mit dem Finger geschnippt.

Ebenfalls tief in Erinnerung geblieben ist mir Georg Stumpf, der Architekt hinter herausragenden Großprojekten wie dem Wiener Millennium Tower. Ich hatte das Vergnügen, mit ihm beruflich in Kontakt zu treten, als Michael und ich uns mit *Inode* im Millennium Tower einmieteten. Stumpf strahlte eine ähnliche natürliche Autorität aus wie Lauda und Haselsteiner, eine Präsenz, die in Wort und Tat omnipräsent schien. Es war imposant, mit ihm zu sprechen – und noch eindrucksvoller war es, die Resultate seiner Arbeit zu sehen, die in seinen ikonischen und erfolgreichen Bauprojekten lebendige Züge annahmen.

Die Begegnungen und Unterhaltungen mit Hansi Hansmann, Niki Lauda, Hans Peter Haselsteiner und Georg Stumpf machten mir eindrücklich bewusst, was wahre Größe bedeutet und wie viel man von starken Persönlichkeiten lernen kann. Ihre Strahlkraft und unerschütterliche Konzentration auf das Wesentliche galten mir stets als Inspiration und Ansporn. Sie lehrten mich, wie wichtig es ist, Chancen zu erkennen, Verantwortung zu übernehmen und mit vollem Engagement zu handeln – Eigenschaften, die entscheidend sind, um in der Welt des Unternehmertums auf Dauer bestehen zu können.

Folge deinem Herzen

Unternehmertum beginnt nicht auf einem weißen Blatt Papier mit einer rein analytischen Strategie. Es beginnt im Herzen. Es beginnt mit einer Idee, die dich nicht loslässt, mit einem Feuer, das in dir brennt, mit einem inneren Ruf, dem du unweigerlich folgen musst. Viele erfolgreiche Unternehmen gingen aus einer Leidenschaft hervor, weil jemand sein Hobby, seine Obsession oder seine Begabung in ein Geschäft verwandelte.

Denk etwa an Steve Jobs, der seine Begeisterung für Design und Technologie nutzte, um *Apple* zu gründen. Oder an Richard Branson, dessen Liebe zur Musik in *Virgin Records* gipfelte. Schau dir *Etsy* an, eine Plattform, die aus dem Wunsch heraus entstand, kreativen Köpfen die Möglichkeit zu geben, ihre handgemachten Produkte mit der Welt zu teilen. *Nike* wurde von jemandem gegründet (Phil Knight), der sich einfach bessere Laufschuhe wünschte. Diese Beispiele zeigen: Die erfolgreichsten Unternehmen entwickeln sich nicht aus bloßem Kalkül, sondern aus echter Überzeugung und brennender Leidenschaft für eine Idee.

Ich bin überzeugt davon, dass jeder Mensch eine innere Stimme hat, die ihm den richtigen Weg weist. Die große Kunst besteht darin, diese Stimme überhaupt erst einmal wahrzunehmen und ihr zuzuhören. Das bedeutet natürlich nicht, dass man blindlings jedem Impuls folgen sollte. Doch wenn du eine Idee hast, die dich nicht loslässt – sei es eine Vision, ein Produkt oder eine Dienstleistung, die du selbst auf dem Markt vermisst – dann solltest du genau hinhören. Dieses Bauchgefühl ist oft ein besserer Kompass als jede Marktanalyse. Es gibt unzählige Beispiele von Unternehmen, die sich entgegen allen Ratschlägen durchgesetzt haben, einfach weil ihre Gründer an ihre Vision glaubten.

Aber wie erkennt man die Zeichen? Wie findet man diesen inneren Ruf? Die Antwort ist einfach: Indem man still wird, sich mit sich selbst auseinandersetzt und in sich hineinhört. In unserer lauten Welt stellt ein solches Innehalten oft eine große Herausforderung dar. Wir werden von Erwartungen, Zahlen und Meinungen anderer Menschen überflutet. Doch die wirklich wichtigen Entscheidungen trifft man nicht nur mit dem Kopf. Sie beruhen auf Bauchgefühl. Ich habe im Laufe meiner langen Karriere immer wieder erlebt, dass mein Herz mir in den kritischen Momenten stets den richtigen Weg gezeigt hat – sogar, wenn alle Zahlen und jegliche Logik dagegen sprachen.

Ein guter Unternehmer ist eben immer ressourcenorientiert. Das bedeutet, dass er sich nicht nur auf die Probleme fokussiert, sondern insbesondere auch nach Lösungen sucht. Er erkennt, welche Mittel ihm zur Verfügung stehen, und nutzt sie optimal. Diese Fähigkeit, Chancen auch in schwierigen Zeiten zu identifizieren, lässt sich mit einem Leuchtturm vergleichen, der einen sicher durch die Stürme der Geschäftswelt navigiert. Das Bauchgefühl, gepaart mit klarem unternehmerischem Denken, wird dich in jeder noch so herausfordernden Situation leiten.

Erfolg hat viele Gesichter, aber wahre Zufriedenheit stellt sich erst ein, wenn du mit voller Überzeugung und Leidenschaft an etwas arbeitest, das dich erfüllt. Wenn du das gefunden hast, dann hast du den wichtigsten Schritt bereits getan. Also hör auf dein Herz – es kennt den Weg!

Geh raus und hol's dir

Die Welt ist voller Möglichkeiten, denen dein Herz folgen kann. Allerdings wird sie dir niemand auf dem Silbertablett präsentieren. Keiner wird dir etwas schenken. Die gebratenen Tauben fliegen einem nicht einfach in den Mund. Die Welt hat nicht auf dich gewartet, und Erfolg kommt nicht von allein. Wenn du etwas erreichen willst, dann musst du es dir holen – mit Willenskraft, Entschlossenheit und der Bereitschaft, durchzuhalten, auch wenn es unbequem wird. Das mag hart klingen, aber genau so funktioniert das Spiel. Wer wartet, verliert. Wer handelt, gewinnt. Erfolg gehört denen, die mutig genug sind, ihren Weg nicht nur zu sehen, sondern ihn sich auch proaktiv zu bahnen.

Ich habe mich nie darauf verlassen, dass mir irgendjemand irgendetwas schenkt. Meine Einstellung war immer: Hilf dir selbst, sonst hilft dir keiner. Das ist keine pessimistische Sicht auf die Dinge, sondern ein zutiefst pragmatisches Lebensverständnis. Es bedeutet, Verantwortung für das eigene Leben zu übernehmen, anstatt darauf zu hoffen, dass äußere Umstände sich deinen Wünschen entsprechend gestalten werden. Das erfolgreiche Erreichen von Zielen und das Bewältigen von Herausforderungen ist kein Zufall. Es ist das Ergebnis von harter

Arbeit, kluger Strategie und dem Mut, Gelegenheiten zu ergreifen, wenn sie sich bieten.

Viele scheitern nicht, weil sie nicht fähig oder talentiert genug wären oder gar wesentlicher Ressourcen entbehren, sondern weil sie nicht ins Handeln kommen. Sie warten auf den perfekten Moment, auf die ideale Gelegenheit, auf eine Erlaubnis von irgendjemandem, auf ein Zeichen des Universums. Doch der perfekte Moment kommt nie. Wer unnötig wartet, bleibt stehen, während andere an ihm vorüberziehen. Wer etwas wagen möchte, muss springen, solange das berühmte *window of opportunity* offen ist. Ich plädiere auch in diesem Punkt nicht für unüberlegtes Handeln. Aber ich betone mit Nachdruck, dass das erfolgshungrige Herz bereit sein muss, auch mit unvollständigen Informationen Entscheidungen zu treffen und mit der Arbeit loszulegen.

Die Vorstellung, dass sich Erfolg nach Leistung und Einsatz bemisst, mag hart erscheinen, aber sie ist auch befreiend. Im Kern handelt es sich dabei um eine meritokratische Idee. Du bist damit deines eigenen Glückes Schmied. Es zählt nicht, wo du herkommst, sondern was du daraus machst. Talent kann helfen, aber am Ende ist es die Beharrlichkeit, die über Erfolg und Misserfolg entscheidet. Wer dranbleibt, wer Rückschläge als Lernerfahrungen sieht und wer mit unermüdlicher Energie an seinen Zielen arbeitet, der wird eines Tages unweigerlich Erfolge einfahren.

Jeder Unternehmer, jeder Musiker, jeder Spitzensportler, der in die Annalen der Geschichte eingegangen ist, hat irgendwann eine selbstbewusste Entscheidung getroffen: Sie alle haben aufgehört, zu zögern und an-gefangen, zu handeln. Sie haben sich nicht davon ab-schrecken lassen, dass andere klüger, wohlhabender oder besser vernetzt waren. Sie haben sich das geholt, was sie wollten. Nicht mit Arroganz, sondern mit Klarheit und Entschlossenheit.

Was hält dich also noch zurück? Wovor hast du Angst? Und was wäre, wenn du einfach losrennst und dir zu deinem Glück verhilfst? Vergiss nicht: Am Ende zählt nicht, was du hättest tun können. Es zählt nur, was du tatsächlich getan hast. Niemand erinnert sich an die, die gezögert haben. Die Welt gehört den Machern.

Sei ein Macher

Die Unternehmenswelt ist kein exklusiver Club, zu dem nur bestimmte Leute Zutritt bekommen, die über die richtigen Netzwerke, den richtigen Kontostand oder den richtigen Habitus verfügen. Es gibt auch keine geheimen Regeln oder irgendeine mystische Begabung, die nur wenigen vorbehalten wäre. Die Wahrheit ist: Jeder kann heute Unternehmer werden. Tatsächlich waren die Hürden, ein eigenes Business zu starten, nie niedriger als in der Gegenwart. Wer wirklich will, wird es auch schaffen – aber der ausschlaggebende Faktor dabei ist das Machen. Denken allein reicht nicht. Kalkulationen reichen nur bis zu einem gewissen Punkt. Ideen sind wertlos, wenn sie nicht in die Tat umgesetzt werden.

An erster Stelle steht dabei immer, Klarheit über das Ziel zu haben, das man anstrebt. Frag dich: Was genau willst du tun? Wofür interessierst du dich?

Erfolg ist nachhaltiger, wenn er aus echter Leidenschaft heraus geboren ist. Ein Unternehmen aufzubauen ist kein Sprint, sondern ein Marathon. Wer sich nicht scheut, sich die Füße wundzulaufen, wird mit Sicherheit eines schönen Tages die Ziellinie überqueren.

Hat man eine Idee, geht es darum, die notwendigen Schritte zu identifizieren. Was braucht es, um ein Vorhaben in die Tat umzusetzen?

Jedes Geschäftsmodell hat unterschiedliche Anforderungen. Wer eine Tech-Plattform entwickelt, braucht Entwickler. Wer einen Industriekomplex aufbaut, benötigt erhebliche Investitionen. Wer einen Online-Shop eröffnet, muss sich mit Logistik, Marketing und Kundenservice auseinandersetzen. Sobald man weiß, was man braucht, kann man gezielt daran arbeiten, die richtigen Ressourcen zusammenzubringen. Und dann gilt es, die Ärmel hochzukrempeln. Mach dir die Finger schmutzig. Tu es einfach und hör auf, die einzelnen Schritte und Erfordernisse nur in deinem Kopf durchzugehen oder wieder und wieder auf dem Papier zu evaluieren.

Am Ende entscheidet nicht, wie perfekt deine Idee auf dem Papier aussieht, sondern wie konsequent du sie in die Tat umsetzt. Planung ist wichtig, aber irgendwann kommt der Punkt, an dem du einfach ins Handeln kommen musst. Die erfolgreichsten Unternehmer sind nicht die, die am längsten über ihre Ideen nachsinnieren. Erfolgreich sind die, die unerschrocken loslegen, testen, reflektieren, anpassen und von diesem Punkt an Schritt für Schritt weitergehen. Was sie von den ewigen Träumern unterscheidet, ist ihr unbändiger Fokus auf das, was sie heute und morgen tun können, um ihr Leben langfristig zu ändern und ihre Träume zu verwirklichen.

Arbeite, arbeite, arbeite

Auf den Schienen Richtung Erfolg gibt es keine Short-cuts. Wer mit Sehnsucht an die Endstation denkt, muss bereit sein, hart zu arbeiten – und zwar über die üblichen vierzig Stunden pro Woche hinaus. Unternehmer zu sein bedeutet häufig, lange Tage, späte Nächte und sonnige Wochenenden am Computer, in der Werkstatt oder in der Lagerhalle zuzubringen. Jeder Tag ist ein Werktag. Es gibt keinen Ersatz für Einsatz, Ausdauer und die Bereitschaft, mehr zu tun als die anderen. Wer nur Erfolg oder Geld ohne das volle Commitment will, wird schneller schei-tern, als er *Erfolg* buchstabieren kann. Daher betone ich das hier noch einmal: Erfolg ist keine Frage des Talents oder des Glücks allein. Erfolg ist in erster Linie das Er-gebnis harter, kontinuierlicher Arbeit und der Bereit-schaft, zu arbeiten, wenn die Konkurrenz schläft.

Schau nach Amerika. Dort wird Leistung hono-riert, Einsatz gefeiert, Erfolg bewundert. In Asien ist es ähnlich: Disziplin, Fleiß und Beharrlichkeit sind tief in der Kultur verankert. Wer dort ein Ziel verfolgt, stellt keine Fragen – er ackert wie eine Ameise. Und dann vergleich dieses Mindset mal mit Europa. Hier scheint es oft so, als wäre Arbeit ein notwendiges Übel, das es zu minimieren gilt. Teilzeit, Work-Life-Balance, frühe

Rente – es gibt kaum noch ein Gespräch über beruflichen Erfolg, das nicht gleichzeitig von der Sehnsucht nach reduzierten Arbeitsstunden handelt. Doch wer wirklich große Dinge erreichen will, kann sich diesem Denken nicht hingeben. Erfolg hat seinen Preis, und dieser Preis ist eben harte Arbeit.

Ich habe immer daran geglaubt, dass Leistung sich auszahlt. In meinen ersten Jahren als Unternehmer gab es keinen einzigen freien Abend, kein Wochenende, das ich ohne Arbeit zugebracht hätte. Ich arbeitete rund um die Uhr. Etwas anderes als das Ziel, mir etwas aufzubauen, das Bestand hat, sah ich nicht. So geht es jedem High-Achiever. Niemand hat die Welt verändert, indem er nur das Nötigste tat. Niemand hat Geschichte geschrieben, indem er sich auf das Minimum beschränkte. Wenn du ein Ziel hast, dann arbeite dafür.

Bevor jetzt gleich alle Achtsamkeitsexperten aufschreien: Es geht dabei natürlich nicht um die komplette Aufopferung oder Selbstausbeutung für die Arbeit. Vielmehr geht es darum, eine Einstellung zu entwickeln, die Arbeit nicht als Last, sondern als Chance begreift. Sie ist der Hebel, mit dem du deine Zukunft formst. Erst wenn du finanzielle Unabhängigkeit erreicht hast, erst wenn du genügend aufgebaut hast, kannst du dir über andere Dinge Gedanken machen. Erst dann kannst du nachdenken und dich fragen, was du wirklich willst, welche Werte dir wichtig sind, wie du dein Leben weiter gestalten möchtest. Vorher nicht. Vorher wäre es blanke Hybris, zu glauben, man schuldet sich selbst ausschließlich ein Leben in Ruhe und Komfort.

Die Arbeit ist nicht unser Feind. Sie ist das Fundament eines großartigen Lebens. Wer große Ziele hat, braucht einen starken Antrieb und muss bereit sein, alles für die Ziele zu geben. Nur wer sich mit dem Mittelmaß begnügt, kann sich zurücklehnen. Also: Arbeite, arbeite, arbeite.

Bleib hartnäckig

Erfolg stellt sich selten schon beim ersten Versuch ein. Jeder Unternehmer, jeder Visionär, jeder, der etwas Großartiges vollbringen will, kennt das vernichtende Gefühl von Rückschlägen. Die Frage ist nicht, ob du scheitern wirst, die Frage ist, ob du danach wieder aufstehst. Wer Großes im Visier hat, darf sich von Niederlagen nicht entmutigen lassen. Denn aus den Misserfolgen entsteht Wachstum.

Ich kann ein Lied davon singen. Bei *Inode* gab es ständig Herausforderungen (die fehlenden Telefonleitungen, die ersten Kunden, die Expansion, die Investoren ...). Mein erstes Immobilieninvestment in Wien war ein einziger Reinfall, und sogar mein erster Krypto-Fonds brauchte letztes Jahr einen zweiten Anlauf. Hätte ich jedoch stets nach den ersten Hindernissen aufgegeben, wäre ich heute nicht da, wo ich bin. Aber genau das ist der Punkt: Rückschläge sind nicht das Ende, sondern der Anfang eines neuen Lernprozesses. Hartnäckigkeit bedeutet nicht, blind auf einem Plan zu beharren und wieder und wieder und wieder gegen dieselbe Wand zu rennen, sondern sich allen Widerständen zum Trotz erneut anzupassen und aufzustellen. Stell dir eine Prinzessin vor, die gestürzt ist. Was macht sie? Ganz einfach: Sie rückt ihr Krönchen zurecht und steht wieder auf. Das ist Unbeugsamkeit. Lass den Kopf nicht hängen, auch wenn die Dinge nicht nach Plan laufen. Sei dir bewusst, dass der Weg eines Unternehmers selten gerade verläuft, sondern voller Kurven und Hindernisse ist.

Auf der anderen Seite gibt es auch Momente, in denen du erkennen musst, wann du ein totes Pferd reitest und das Alte zugunsten von etwas Neuem loslassen musst. Dazu muss man oft einen Schritt zurücktreten und die Situation nüchtern betrachten. Es gibt einen Unterschied zwischen Durchhaltevermögen und Sturheit. Erfolgreiche Menschen verstehen, dass nicht jede Entscheidung zum Ziel führt. Sie akzeptieren, dass sie an manchen Weggabelungen umkehren und sich auf neue Chancen einlassen müssen. Verliere daher nie den Überblick und sei allzeit bereit, neu anzufangen, wenn es nötig ist – nämlich dann, wenn du mit demselben Ansatz immer wieder scheiterst.

Bleib hartnäckig. Bleib am Ball. Gib niemals auf, selbst in den schwierigsten Momenten, in denen dir buchstäblich die Luft auszugehen und die Motivation zu schwinden scheint. Solche Momente gehören zu den wesentlichen Erfahrungen deiner ganz persönlichen Reise. Erfolg bemisst sich nicht nach der Anzahl der Rückschläge, sondern nach der Fähigkeit, wieder aufzustehen. Wie Elon Musk einmal sagte: Wenn nicht mindestens 25 Prozent aller Versuche scheitern, hat man nicht das notwendige Risiko genommen, hat man zu wenig gewagt, hat man zu wenig versucht.

Glaub an dich

Wenn du selbst nicht an dich glaubst, warum sollte es dann jemand anderes tun? Erfolg beginnt im Kopf – mit der tiefen Überzeugung, dass du es schaffen kannst, ein Unternehmen aufzubauen und selbstbestimmt zu leben. Es gibt keine universelle Wahrheit, sondern nur subjektive Wahrheiten. Und in deiner Wahrheit gibt es daher auch keinen Grund, warum sich dein Erfolg nicht einstellen sollte. Also hör auf, dich selbst zu limitieren. Hör auf, nach externer Bestätigung zu suchen. Du brauchst niemanden, der dir sagt, dass du es kannst. Du musst es einfach tun.

Jeder große Erfolg beginnt mit einem Funken Überzeugung. Schau dir die größten Unternehmer unserer Zeit an. Elon Musk wurde belächelt, als er von Elektroautos und Raumfahrtunternehmen sprach. In Russland wurde er sogar bespuckt, als er ausrangierte Raketen für die ersten Versuche mit *SpaceX* kaufen wollte. Steve Jobs wurde aus seiner eigenen Firma geworfen, bevor er *Apple* zum wertvollsten Unternehmen der Welt machte. J.K. Rowling erhielt unzählige Absagen, bevor ein Verlag an Harry Potter glaubte. Was all diese Menschen vereint? Sie ließen sich von Zweifeln nicht aufhalten. Sie folgten ihrer eigenen Wahrheit, weil sie wussten, dass niemand sonst den Weg für sie ebnen würde.

Glaub an dich, auch wenn du das Gefühl hast, dass es außer dir niemand tut. Es wird immer jemanden geben, die deine Ideen kleinreden, die dir einreden wollen, dass sie nicht funktionieren können. Die Frage ist: Lässt du dich davon beeinflussen?

Erfolgreiche Menschen sind nicht über alle Zweifel erhaben. Im Gegenteil: Sie sind oft diejenigen, die die meisten Zweifel in sich tragen. Sie sind allerdings auch diejenigen, die sich von ihren Zweifeln nicht lähmen lassen und sie stattdessen als Motor für ihre Ideen nutzen. Sie hören auf ihre eigene innere Stimme und folgen ihrer Überzeugung. Sie treten gegen innere und äußere Widerstände an, gegen Vorbehalte, gegen gesellschaftliche Erwartungen.

Hab also den Mut, deinen eigenen Weg zu gehen, selbst wenn er unkonventionell erscheint. Damit gibst du dir die Erlaubnis, groß zu denken – oder zumindest größer als die meisten Nein-Sager in deiner Umgebung. Denn am Ende des Tages gibt es nur eine Wahrheit, die zählt: die, an die du selbst glaubst. Warum solltest ausgerechnet du es nicht schaffen? Wenn du unerschütterlich daran glaubst, dass du deinen Traum verwirklichen kannst, dann wird dir die Arbeit leichtfallen und du wirst sich dir bietende Chancen schneller erkennen.

Umgib dich
mit den richtigen Leuten

In den seltensten Fällen ist Erfolg das Resultat einer *Lone-Wolf*-Mentalität. Ein afrikanisches Sprichwort besagt: „Willst du schnell laufen, lauf allein. Willst du weit kommen, geh mit anderen." Die Menschen, mit denen du dich umgibst, beeinflussen dich mehr, als du vielleicht zu begreifen vermagst. Sie prägen dein Denken, deine Entscheidungen und letztlich deinen Weg. Deshalb ist es wichtig, genau hinzusehen: Sind die Menschen in deinem Umfeld eine Bereicherung oder bremsen sie dich aus?

Bei der Beantwortung dieser Frage kann man einer einfachen Regel folgen: Frage dich bei jeder Person in deinem beruflichen und privaten Umfeld, ob sie ein Asset oder eine Liability darstellt. Ein Asset bringt dich weiter. Es inspiriert dich, fordert dich heraus, unterstützt dich oder ergänzt deine Fähigkeiten. Eine Liability hingegen kostet dich Energie, blockiert dich oder hält dich sogar aktiv zurück. Daher gilt es, in dieser Hinsicht konsequent zu sein. Assets solltest du wertschätzen und fördern, Liabilities musst du loswerden – je schneller, desto besser. Wer nicht mitzieht, darf nicht mitgeschleppt werden.

Schau dir erfolgreiche Unternehmer an. Die meisten von ihnen zeichnen sich durch ein starkes Netzwerk aus. Steve Jobs hatte Steve Wozniak, Elon Musk umgibt sich ausschließlich mit brillanten Ingenieuren, Warren Buffett tauscht sich regelmäßig mit den besten Investoren aus, die Amerika zu bieten hat. Sie alle haben verstanden, dass sie nicht alle Aufgaben im Alleingang erledigen, mit den richtigen Leuten an ihrer Seite jedoch Berge versetzen können. Voraussetzung dafür ist, dass diese Leute ähnliche Prinzipien und ähnliche Vorstellungen von Leistung und Exzellenz mitbringen.

Es geht dabei nicht darum, sich mit Menschen zu umgeben, die dir nach dem Mund reden. Ganz im Gegenteil: Die richtigen Leute fordern dich heraus. Sie kritisieren konstruktiv, zeigen dir neue Perspektiven und helfen dir, besser zu werden. Aber sie glauben an dich, sie haben selbst Ambitionen und sie wollen mit dir wachsen. Wer dagegen ständig nur jammert, Probleme statt Lösungen sucht, sich in Mittelmäßigkeit suhlt oder dir gar deinen Erfolg missgönnt, ist eine Gefahr für deine persönliche Entwicklung. Zieh klare Grenzen. Die härteste, aber wertvollste Lektion ist: Manchmal musst du dich von Menschen trennen, die dir nicht guttun. Das kann unangenehm sein, langfristig zahlt es sich jedoch aus.

Fang am besten heute noch an. Schau dich um und unterziehe dein Umfeld einer kritischen Prüfung. Wer bringt dich voran? Wer hält dich zurück? Von wem kannst du lernen und profitieren? Gemeinhin heißt es schließlich, man sei der Durchschnitt der fünf Menschen, mit denen man sich am meisten umgibt. Frag dich also: Wer sind deine Common Five? Sind es Macher, die dich pushen? Oder Menschen, die dich runterziehen, ausbremsen oder permanent in Problemen denken statt in Lösungen? Falls Letzteres der Fall ist, wird es höchste Zeit für eine Kurskorrektur.

Werde zum Teamplayer

Wie gesagt: Erfolg ist kein Solo-Projekt. Egal, wie talentiert oder entschlossen du als Unternehmer auftrittst – du kannst schlicht nicht alles ohne die Hilfe anderer schaffen. Das englische Wort für Unternehmen bildet diesen Tatbestand semantisch ab. Eine *Company* bezeichnet wörtlich eine Gruppe von Menschen. Eine Firma ist die Summe der Leute, die sie mitgestalten. Unternehmen bestehen in erster Linie aus Menschen und nicht nur aus Ideen, Logos oder Produkten. Selbst die beste Geschäftsidee und das beste Geschäftsmodell sind zum Scheitern verurteilt, wenn das Team nicht funktioniert. Deshalb ist es essentiell, dass du lernst, ein Teamplayer zu werden.

Genau aus diesem Grund ist es auch so wichtig, richtig hinzusehen, mit wem du dich zusammentust. Am Anfang einer Gründung ist die Euphorie groß. Man will die Welt verändern, hat große Pläne und sieht überall nur Chancen. Doch spätestens nach zwei Jahren kommt der Reality-Check. Wenn du und dein Team dann nicht harmoniert, wenn ihr nicht dieselben Werte teilt oder euch sinnvoll ergänzt, dann ist das Ende der Fahnenstange schnell erreicht. Es gibt unzählige Beispiele für diese Dynamik. Start-ups mit den genialsten Geschäftsmodellen sind wiederholt daran zerbrochen, dass das Teamplay nicht funktionierte. Umgekehrt gibt es Unternehmen, die zunächst mit einer mittelmäßigen Idee starteten, sich mit der Zeit aber gerade aufgrund ihrer starken Teamzusammenstellung weiterentwickelten und am Ende die beeindruckendsten Erfolge einfuhren. Der Unterschied? Letztere Unternehmen setzten auf die richtigen Menschen, die gemeinsam Probleme lösten, anstatt sich gegenseitig zu blockieren.

Ein Co-Founder oder Geschäftspartner ist letztlich wie ein Ehepartner. Man beschließt irgendwann, eine enge Beziehung einzugehen, ohne zu wissen, ob diese langfristig Bestand haben kann. Manche Partnerschaften halten ein Jahr, manche zehn, manche ein Leben lang. Doch eines ist sicher: Du erkennst in der Regel schon früh, ob jemand wirklich mitzieht. Wenn du eine Idee hast, achte darauf, wer nur mitredet und wer tatsächlich handelt. Wer nur große Worte schwingt, aber bei der Umsetzung keine Energie an den Tag legt, wird dich am Ende im Stich lassen.

Ein guter Anhaltspunkt dafür, ob man an derselben Mission arbeitet oder ob sich das Team bereits zu zersetzen beginnt, ist eine gesunde Streitkultur. In einem starken Team schenkt man sich nichts – man diskutiert, man reibt sich aneinander, man hat unterschiedliche Meinungen. Das ist gut so! Denn nur im offenen Diskurs entstehen die besten Lösungen. Der entscheidende Punkt ist: Kannst du nach einem Streit deinem Teammitglied wieder in die Augen sehen? Respektiert ihr euch trotz eurer Meinungsverschiedenheiten? Wenn ja, dann kannst du auf ein solides Team vertrauen. Wenn nicht, dann wird es früher oder später unweigerlich zum Bruch kommen.

Ich habe das selbst erlebt. Bei *Inode* gab es mit meinem Geschäftspartner Michael nicht selten hitzige Debatten. Aber wir hatten stets eine gemeinsame Basis. Wir wussten beide, dass wir das Beste für das Unternehmen wollten, und konnten uns nach jeder Auseinandersetzung wieder produktiv (oder vielleicht sogar noch produktiver) an die nächsten Schritte wagen. Genau das unterscheidet erfolgreiche Teams von denen, die auseinanderbrechen. Deshalb betone ich es an dieser Stelle noch einmal: Sei kein Einzelkämpfer. Lerne, ein Teamplayer zu sein. Finde die richtigen Leute, diskutiere hart in der Sache, aber bleib dabei fair. Und vor allem: Achte darauf, dass dein Team wirklich mit dir an einem Strang zieht – nicht nur in den guten Zeiten, sondern gerade auch, wenn die Zeichen alle gegen euch stehen.

Finde dein *Genug*

Erfolg ist nicht linear und führt niemals in einer geraden Linie nach oben. Wer das denkt, wird früher oder später mit voller Wucht auf dem harten Boden der Realität aufprallen. Erfolg ist vielmehr eine Achterbahn mit Höhen und Tiefen, mit unerwarteten Wendungen und Phasen des Stillstands. Und vor allem ist Erfolg nichts Fixes. Er verändert sich mit der Zeit analog dazu, wie du dich veränderst.

Mit zwanzig bedeutete Erfolg noch für mich, finanziell unabhängig zu sein, meine eigenen Rechnungen bezahlen zu können und nicht mehr auf andere angewiesen zu sein. Mit Anfang dreißig hatte sich diese Ansicht bereits gewandelt. Nunmehr verband ich mit Erfolg das Konzept, Millionen auf dem Konto zu haben, eine Firma aufgebaut und verkauft zu haben. Heute, im zarten Alter von fünfzig, betrachte ich Erfolg wieder ganz anders. Ich definiere ihn als Synonym für Gesundheit, eine glückliche Familie und Zeit für meine Hobbys.

Die große Frage, die man sich daher irgendwann einmal notwendigerweise stellen muss, lautet: Wann ist mein persönlicher Erfolg erreicht? Wann ist genug wirklich genug? Zu viele Unternehmer kennen diese Grenze nicht. Sie jagen immer den nächsten größeren Geschäftserfolgen nach, wollen noch mehr erreichen, noch mehr wachsen, noch mehr Umsatz, noch mehr Anerkennung. Dabei übersehen sie oft den besten Moment, um abzuspringen. Doch wann ist dieser Höhepunkt erreicht? Wann sollte man loslassen? Diese Fragen sind zentral, denn wer den rechtzeitigen Absprung verpasst, riskiert, das eigene Unternehmen oder die eigene Karriere nicht auf dem Gipfel, sondern in einer Abwärtskurve zu beenden. Mir selbst erging es beim Verkauf von *Inode* nicht anders. Am Ende erreichten Michael und ich unseren größten Erfolg, den millionenschweren Exit, dank des richtigen Timings. Wir erkannten den günstigsten Moment, um auszusteigen, und ließen los.

Bei meinen Investments läuft es ähnlich: Ich brauche ein *Genug*, das mich vor unvernünftigen Entscheidungen abhält. Irgendwann wurde mir nämlich klar, dass selbst Geld einen Grenzwertnutzen hat – und zwar dann, wenn es keinen Unterschied mehr macht, ob man 20 Millionen, 200 Millionen oder 2 Milliarden hat. Daher bemühe ich mich auch nicht aktiv darum, mein Geld im Sinne von Multiples zu vermehren, das heißt, dass ich meine Investitionen ständig verzehnfachen muss. Dieser Typ bin ich einfach nicht – im Gegensatz zu anderen unternehmerischen Kalibern, die aus 100 Millionen Euro nochmal das Fünffache machen. Mir gibt das nichts mehr, ich sehe da keinen Mehrwert mehr für mein Leben.

Es gibt kein objektives *Genug*. Es ist individuell, es ist subjektiv – und es verändert sich im Laufe deines Lebens. Definiere es für dich. Sei ehrlich zu dir selbst. Und wenn dein *Genug* erreicht ist, dann zieh die Reißleine.

Hör nie auf, zu lernen

Stillstand ist der Anfang vom Ende. Wer denkt, er hätte ausgelernt, hat schon verloren. Wer denkt, er sei schon etwas, hört auf, etwas zu werden. Die Welt dreht sich ständig weiter, Märkte verändern sich, Technologien entwickeln sich weiter – und wer nicht mitzieht, wird abgehängt. So simpel ist das. Es ist schließlich kein Zufall, dass die erfolgreichsten Unternehmer dieser Welt nicht nur fleißige Arbeiter, sondern auch lebenslange Schüler sind. Sie wissen: Lernen ist kein einmaliger Prozess. Lernen ist eine Haltung, die über Erfolg oder Misserfolg entscheidet.

Steve Jobs brachte es in seiner berühmten Stanford-Rede aus dem Jahr 2005 auf den Punkt: „Stay hungry, stay foolish." Bleib hungrig, bleib mutig. Sei offen für Neues, stell dich nicht über die Erkenntnisse anderer und vor allem: Werde nicht dogmatisch. Ab dem Moment, in dem du denkst, es gibt nur eine mögliche Art zu denken und nur einen einzigen Weg, den du gehen kannst, stagnierst du. Genau das ist der Fehler, den viele Unternehmer machen. Sie ruhen sich auf ihrem Know-how oder auf ihren Lorbeeren aus, anstatt weiterzudenken und sich flexibel an neue Situationen oder Herausforderungen anzupassen.

Ich selbst habe mich immer wieder bewusst in neue Themen gestürzt und mich beinahe manisch darin eingearbeitet. Das begann damals mit dem frühen Internet, ging weiter über die Immobilien- und Venture-Capital-Investments und gilt heute für die Entwicklungen auf dem Kryptomarkt. Jedes Mal musste ich mich dabei von Neuem orientieren. Aber genau das hält meinen Geist scharf. Jedes Jahr dasselbe zu tun? Undenkbar. Ich liebe Veränderungen und Herausforderungen. Ich will mich entwickeln. Ich will nicht irgendwann aufwachen und feststellen, dass ich ein Relikt aus der Vergangenheit geworden bin.

Zum Lernen gehört aber nicht nur, sich stetig neues Wissen anzueignen und up to date zu bleiben, sondern sich auch regelmäßig selbst zu hinterfragen. Wo stehe ich eigentlich? Bin ich noch auf dem richtigen Weg? Bin ich irgendwo falsch abgebogen? Man kann sich immer einreden, dass alles gut läuft. Wenn man sich aber nie die Zeit nimmt, wirklich ehrlich zu sich zu sein, dann lebt man vielleicht jahrelang in einer Illusion. Sich kritisch mit sich selbst und seinen eigenen Zielen zu befassen, ist daher nichts anderes, als mit sich im Reinen zu sein. Was es dazu braucht? Schonungslose Ehrlichkeit.

Ich empfehle jedem Unternehmer, sich regelmäßig mit sich selbst auseinanderzusetzen. Manche führen dazu Tagebuch, andere wiederum machen sich Notizen, die sie an ihren Computer-Screen heften, wieder andere führen einfach lange Gespräche mit sich selbst beim Spazierengehen oder vor dem Spiegel. Die jeweils praktizierte Methode spielt dabei keine Rolle – Hauptsache, du bleibst im Dialog mit dir selbst. Denn Lernen heißt nicht nur, Wissen aufzunehmen. Es heißt auch, den Mut zu haben, sich selbst immer wieder infrage zu stellen und gegebenenfalls neu auszurichten. In diesem Sinne: Bleib hungrig, bleib mutig.

Trau dich,
für etwas zu stehen

Wer erfolgreich sein will, muss nicht jedem gefallen. Im Gegenteil: Wer keine Ecken und Kanten hat, wer sich nie aus der Deckung wagt, wird am Ende von niemandem wirklich respektiert. Erfolg bedeutet, Position zu beziehen – und das zieht zwangsläufig Gegenwind nach sich. Ich habe sicher mindestens genauso viele Feinde wie Freunde. Und das geht völlig in Ordnung so. Für mich zeigt das, dass ich nicht einfach nur im Strom mitgeschwommen bin, sondern meine eigene Richtung gewählt habe.

Zu viele Menschen wollen es allen recht machen. Sie vermeiden klare Meinungen, weil sie Angst haben, irgendwo anzuecken. Doch in der Businesswelt gilt: Wer es jedem recht machen will, verliert sich irgendwann selbst. Große Unternehmer – egal in welcher Branche – waren immer auch Persönlichkeiten mit einer klaren Haltung. Sie haben nicht versucht, allen zu gefallen, sondern haben sich für das eingesetzt, woran sie glaubten. Genau das hat sie mitunter erfolgreich gemacht.

Es gab viele Momente in meinem Leben, in denen ich hätte leiser treten können (oder sollen). Darunter waren Situationen, in denen es zweifellos einfacher gewesen wäre, sich zurückzuhalten oder sich diplomatisch aus der Affäre zu ziehen. Aber das war nie mein Weg. Wenn ich etwas mache, dann mache ich es richtig. Und dazu gehört eben auch, Haltung zu zeigen. Als Visionär und Opinion Leader sehe ich mich nicht in der Rolle des stillen Mäuschens, das mit seiner Meinung hinter dem Berg hält. Ich sage frei heraus, was Sache ist. Diese Freimütigkeit mag manchem sauer aufstoßen, aber sie verschaffte mir stets den nötigen Respekt, um gehört zu werden.

Am Ende des Tages geht es darum, sich selbst im Spiegel betrachten zu können und zu wissen, dass man für etwas gestanden hat; dass man nicht einfach nur mitgelaufen ist, sondern persönliche Prinzipien vertreten und die eigenen Werte nach außen getragen hat. Ein solches Verhalten erfordert ein schonungslos starkes Rückgrat, ohne stur oder unbelehrbar zu wirken. Vor allem aber bedeutet es, sich aus Angst vor möglicher Kritik nicht zu verbiegen. „Kaputte Träume sind teuer", wie Andreas Bourani singt, doch der Preis für ein Leben ohne Kompromisse ist es wert. In diesem Sinne kann ich es stolz und erhobenen Hauptes sagen:

Ich war ein Guter und strebe danach, einer zu bleiben.